1億稼ぐ「検索キーワード」の見つけ方

儲けのネタが今すぐ見つかる
ネットマーケティング手法

キーワードマーケティング研究所代表
滝井秀典

検索

検索オプション　検索メニュー

PHP

はじめに——「ブラック・ジャック」が千万単位の報酬を受け取れる理由

ブラック・ジャック。

どんな難病奇病も治してしまう天才外科医。

悪徳金持ちから何億もの大金をせしめ、大企業や高慢な学会に歯向かい、庶民には味方するダークヒーロー。

この手塚治虫の不滅の名作漫画が大好きだった人も多いだろう。

私も小学生の頃は「手に職を持つ技術」があれば、人を助けながら、何億も稼いでこんなかっこいい生き方ができるんだ！　と無邪気に考えていたものである。

実は、ビジネスの視点から考えると、ブラック・ジャックが高額な報酬を受け取れるのは、すごい医者だから、ではない。

「私以外にこのオペができる人はいないですからね。五〇〇〇万円用意できるんなら治してさしあげますぜ。フッフッフ」

彼がこのセリフを言えるのは、**「需要がたくさんあるのに、供給者がとても少ない市場」**でビジネスを行っているからにすぎない。

マフィアのボスの手術を敵対勢力に知られないよう秘密裏に行う。人気アイドル歌手の替え玉の整形手術をこっそり行う。こんな商売を引き受けるのは医者の中でもブラック・ジャックのほかにはいない。

需要があるのに、供給がない。しかもお客の問題は深刻で一刻の猶予もない。頼れる人間はほかにはどこにもいない。お客は問題解決してくれるためならどんな大金でも喜んで出す。

だから彼は高額の利益を得ることができるのである。

商売には、誰もが忘れかけているきわめてシンプルな原則がある。

「お客の需要に応える」。

これをビジネスという。

もしもあなたの会社や、あなたのビジネスの利益が上がらないのであれば、需要がそもそも存在しないか、あるいは市場には供給者があふれていて、今からあなたが市場に参入する意義はないか、のどちらかということである。

今、景気が回復しているといわれる一方で、多くの大企業がどんどん傾いている。

「生き残りをかけて」「再生プロジェクト」などという言葉を聞くたびに、「お客から不要だと思われているんだから、さっさといなくなってくれればいいのに」と、いつも私は思う。お客は別に役に立たない企業に「生き残ってほしい」「再生してほしい」なんてかけらも思っちゃいない。

「需要がない市場」
「需要があっても供給者が山ほどいる市場」

ここでビジネスをやって大きな利益を上げられるわけがないのである。

私は現在、インターネットビジネスの相談を受けることがよくある。すると、どうしても「儲かるはずがない商材」を売りたい、という方が質問にやってくる。

しかし、「自分がやりたいこと」「私たちが売りたい商品」が先では、売れるはずがないではないか。

商人であれば、商材は「需要がある中から、選択」するものである。

カルロス・ゴーンだって今の時代にポケベルを売っていたら成功するはずがない。

需要がないもの、供給者であふれているものは、何をしようが儲かるはずがないのである。

大きな利益を上げたければ、「需要があるのに供給者が少ない」穴場を探せばよい。

インターネットは通販だから、媒体そのものが市場である。

そして、ニッチ(すき間)市場であればあるほど、反応がよくなるのは、あまり知られていない事実だ。ニッチな需要を見つけて、ライバルの少ないところで商売をすれば失敗などあるはずがない。

「それがわからないから苦労してるんじゃないか!」

と思います?

そう、だから私はこの本を書いたのだ。

あまり知られていないが、インターネット上には「お客が必要としている商材とは何か?」が、無料で公開されている。しかも、「どれだけ売れるか」「どれだけライバルがいるか」もわかってしまうのである。

鍵は、「検索キーワード」が握っている。

インターネットにつながったパソコンを前にして、一度も「キーワード検索」をしたことがない人はいないだろう。ヤフーやGoogleにある検索窓に、キーワードを入力して、検索結果から情報を探す。

このシンプルなインターネットユーザーの行動に、最大のビジネスチャンスが存在する。

インターネットでは「検索キーワードへの需要が、お客の需要」なのである。

そして、そのチャンスは「言語の数」だけ存在する、といっても過言ではない。誰にも見つからずにひっそりと眠る黄金が、「お客が検索するキーワード需要」の中に隠されているのだ！


「キーワード需要とは何か？」

この問いに答えるには、「アスベスト」というキーワードが最もわかりやすい。

「アスベスト」は、事件がマスメディアによって大々的に報道されるまで、月間検索は数万件にも満たないニッチなキーワードだった。これが国の問題にまで発展した頃には、インターネット上の検索数は一気に五〇万件以上に跳ね上がった。この時期に「アスベスト除去をします」として、キーワード検索結果に告知をいち早くしていたサイトは、月商で億単位の売上を上げたにちがいない。

なぜわかるのか？

実は、検索キーワードには「売れるキーワード」と「売れないキーワード」が存在する（「アスベスト」というキーワードは、確実に売れるキーワードである）。そして、もうひとつ重要なポイント。検索された数に対して「商品・サービスが売れる数」は、広告露出量に、ある法則性をあてはめることによって、あらかじめ予測することが可能なのだ。

私はこの法則性を利用して、数十万円の元手から年商一億二〇〇〇万円を超えるネットビジネスをたった一人でつくり上げた。起業開始月から常に黒字を続け、社員は私以外には在宅のサポートスタッフが一名いるだけである。そして、同じロジックですでに多くの起業家・経営者が、少ない資金で新規事業に成功している。

本書は、そんな「言葉の市場」特有の法則性をロジカルに解き明かし、「検索される言葉」をあなたのネットビジネスに応用してもらうために、わかりやすく書かれている。

この本は一般的なインターネットマーケティング書とは大きく異なる。

まず、「あなたが抱えている商材をインターネットで無理矢理売るため」の本ではない。

商品を開発してから、あるいは商品を用意してから、「はて？　どうやってお客を探そうか？」と考えるビジネスプレーヤーがいまだに大多数だ。

忘れないでほしい。お客の需要を満たすことを、ビジネスというのである。インターネット検索は「衝動買い」がほとんど発生しない市場だ。お客の需要がないものをインターネットで売り、新規顧客を獲得するのはほぼ不可能、といってもいい。

また、本書は「評論家が書いた理論書」でもない。机上の論理をこね回すだけの役に立たないアカデミックな情報はひとつもない。私は起業家であり、経営者である。評論家でもなければ口先だけのコンサルタントでもない。今も、自分自身でインターネット通販事業を営み、その実践結果を他の人にも再現してもらうことによって科学性を高めた実践の情報のみを、本書では書いている。

そして、「ホームページをつくればネット通販で簡単に稼げる」「自宅で寝ながらラクして儲ける」といった短絡的な結果を求める人には、本書は向いていない。ビジネスにおける「儲け」とは、より多くの人に、自分の商品・サービスを拡大していくための再投資資金のことをいうのだ。

今の時代、お客にとって商品品質は「良くて当たり前」である。インターネットを使って情報収集は自由自在、お客の声をフィードバックすることも、仕入先を探すことも、その気になれば誰でもできる。同じ商品を売り続け、品質改善を怠る人間はビジネスオーナーとして失格だ。

商人としてお客の需要を満たしてあげようとする気概のあるビジネスパーソン。人が抱える悩み、問題点を解決して役立ちたいと本気で考えるまっとうな商人。「検索される言葉（キーワード）の本質」を理解し、新規顧客を短期間に獲得して、ビジネスを加速化させたい経営者。インターネットビジネスに何度も失敗しながらも、決してくじけない不屈の起業家……。

こういう人たちに向けて、本書は書かれた。

そう、今この本を手に取り読んでいる、あなたのための本である。

検索キーワードの市場は、「言葉の数」だけ存在する。

新しい言葉は毎日のように生まれているのだ。チャンスは誰の前にも開かれている。

ただし、「検索キーワード」には「商売になるもの、ならないもの」が存在する。また、インターネットが持つ本質的な物理法則を理解していないと、大きな成果が出せない。本書では、この二つの重要なポイントに注目していただきたい。


この本を読み終わったら、あなたには「自分が活躍すべき〝言葉のフィールド〟」が見つかっているだろう。

魅惑の検索キーワードの世界へようこそ。

あなたが「売れる言葉」を発見し、インターネットで新規事業を大成功させ、独立起業家としての道を花開かせるための世界へ、私がご案内しよう。

二〇〇六年三月

滝井秀典

もくじ CONTENTS

第1章 手段に翻弄されて失敗し続ける人たち

第2章 売れる検索キーワードの方程式

第3章 「売れない言葉」の4パターン

第4章 クリティカル・キーワードの8パターン

第5章　キーワードビジネスを成功させる穴場の条件

第6章 「言葉の市場」でライバルに圧勝する三つの方法

第7章 今日からはじめるキーワードマーケティングの5ステッププログラム

装丁◆赤谷直宣
DTP&図版制作◆データ・クリップ

序章

キーワード需要からネットビジネスをはじめるという発想

KEYWORD MARKETING

言葉の市場にはビジネスチャンスがあふれている

「地震」

このキーワードが、インターネット上でどれくらい検索されているかご存知だろうか？

なんと、月間に五〇万件（※1）も検索されるのである。マグニチュード3を超えるような大きな地震が発生した月には、八〇万件を超えることもある。

八〇万という数字は、世田谷区の全人口とほとんど同じ。彼ら全員が、月に一回このキーワードをインターネットで次々と検索している姿を想像してみよう。その数の多さがわかる。

検索キーワードの比較でいえば、「ディズニーランド」や「ハリー・ポッター」というキーワードが、だいたい月間検索数五〇万件前後くらいである。「浜崎あゆみ」なら四〇万件くらいだ。インターネットユーザーがどれだけ高い関心を持って「地震」というキーワードを検索しているか、よくわかるだろう。

さて、これが一体どうやってビジネスにつながるのか？

二四歳の起業家を一人紹介しよう。「防災防犯ダイレクト」というサイトを運営する塚本社長。ほとんど資金ゼロから、「地震対策商品」の単品商品をインターネット販売し、半年もたたず三〇〇〇個販売。六〇〇〇万円近く売り上げた。しかも会社運営はほんの数名の超効率経営だ。しか

非常持出袋、「地震災害対策30点避難セット」の詳細

■プロが厳選した防災グッズ
防災の専門家が、被災時の避難生活で必須となるアイテムを厳選に厳選を重ね、総重量から、サイズ、耐久性、使用可能期限、品質、あらゆる基準をクリアした防災グッズをセレクト。

■最新技術をいち早く導入
手動式の携帯電話充電器、新タイプの非アルコール固形燃料、水だけで簡単にできるアルファ米など、現代の最新技術、話題の防災グッズをいち早く導入。

■充実の30種類の防災グッズ
30種類の中でも、保存水、保存食(非常食)など重要なアイテムは4点ずつセット。
「**これさえあれば安心**」といえる非常持ち出し袋を完成させました。

■女性やお年寄りにも安心のセット内容
・「非常持出袋は10〜15キロ」といわれる中、当店では女性やお年寄りでも持てる、約6キロの重量を実現。
・簡易トイレ、下着セット、水のいらないシャンプーなど、女性が避難生活で必要となる防災グッズも充実。

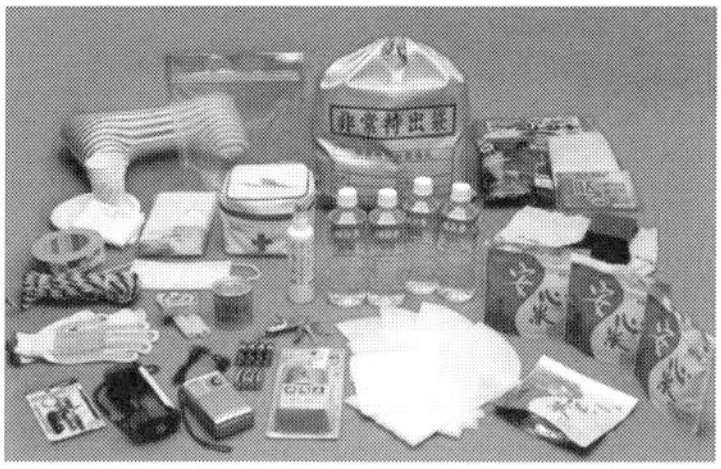

当店は、
送料 すべて込み 消費税
代引手数料
期間限定！
特価
キャンペーン中！

［キーワード需要から新規ビジネスへ参入する］

も事業開始時にはパソコンはまったくの初心者で、ホームページも自分でつくったものである。

実は、塚本社長は「地震」という「キーワードの需要」を発見し、そこから事業を開始したのである。

どうやったのか？　その方法はいたって簡単。ヤフーやGoogleといった検索エンジンでは、キーワード検索後の検索結果に広告を出すことができる。これをキーワード広告(※2)という。いわば、検索結果の順位をお金で購入できるわけである。ここに商品告知をするわけだ。

「地震」とキーワード検索する人は、「地震」に関心がある人以外は存在しない。本当にさまざまな理由で検索をしているのだろうが、少なくとも「地震」の何かを

探していることは確かだ。

だったら、そのターゲットに「地震対策グッズ」が高確率で売れるのは当たり前である。非常に単純なロジックなのだ。インターネットでキーワードを検索すると必ず検索結果が出てくる。当然、月間何十万件と検索数が多ければ多いほど露出の機会が高くなる。だったら、「インターネットで需要のあるキーワード」を選び、そこから商売すればいい。たった、これだけのことなのだ（商品の品質が素晴らしいのは当然である）。

さらに、競争者が少なければ、高い売上と利益を確保できる。

実は「地震」というキーワードは、地震が頻発し、キーワード需要が一気に何十万件と増えた頃、広告を出していたのは静岡のハウスメーカーただ一社だけだったのである。いわば、独占市場に近い状態だったのだ。

あまり知られていないが、通信販売（無店舗販売）という商売は「広告媒体そのもの」が市場である。買ってくれるお客の数が市場規模ではない。自社の商品・サービスを購入してくれるお客が目にする「媒体」を見つけることができるかどうかで、ほとんどビジネスの勝負が決まってしまうのである。

例えば駅の売店、コンビニでよくある週刊女性誌を見てほしい。あまり名前を聞いたことのないテレフォンキャッシング（消費者金融）会社が、広告のほとんどを占めている。「週刊女性誌＝通販型消費者金融のお客がいる市場」ということなのだ。そして、最も大事な点は、その雑誌

[検索キーワード連動広告。通称「キーワード広告」。ヤフーやGoogleの検索結果へ広告代理店を通さずに誰でも広告を表示させることができる。クリックごとの課金。インターネット広告の中では新規の顧客獲得に最強のコストパフォーマンスを誇る]

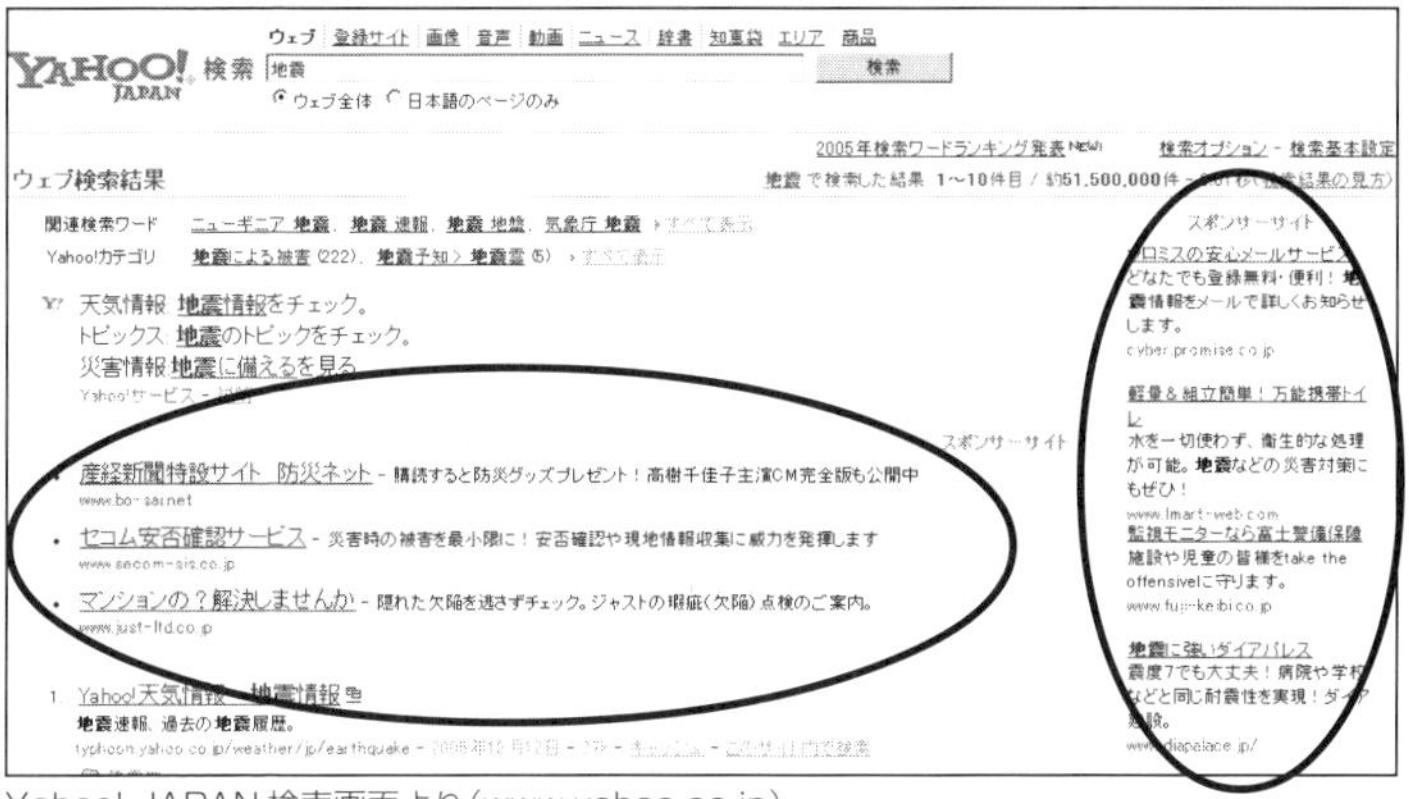

Yahoo! JAPAN検索画面より（www.yahoo.co.jp）

購読者の中で「金を借りたい」お客が電話をかける会社は、その雑誌に掲載されている広告の中から選ばれる、ということだ。

あるいは、あなたの家の鍵が突然壊れてしまったとしよう。あなたは、おそらく家にあるタウンページ（電話帳）を開き、どこかの「鍵のトラブル一一〇番」を探すはずだ。そのときにあなたが選ぶのは、その時点でタウンページに掲載されている鍵工事屋さんである（鍵屋さんは無店舗販売だから通販だ）。

要するに通販の世界とは、「お客が見る媒体に広告を出していなければ、商品・サービスは存在しないと同じ」ということなのである。

そう、あなたはもう気がついているだろう。

インターネットにおいては、需要と供給が交換される市場は、「検索キーワードの数」だけ存在する。そして、検索回数が多いキーワードが需要の多い市場であり、検索結果にキーワード広告があまり出ていないキーワードこそが、供給の少ない市場となる。

つまり「需要が旺盛なのに、供給者がきわめて少ない」儲かる市場なのである。

お宝は「ロングテール」の中に

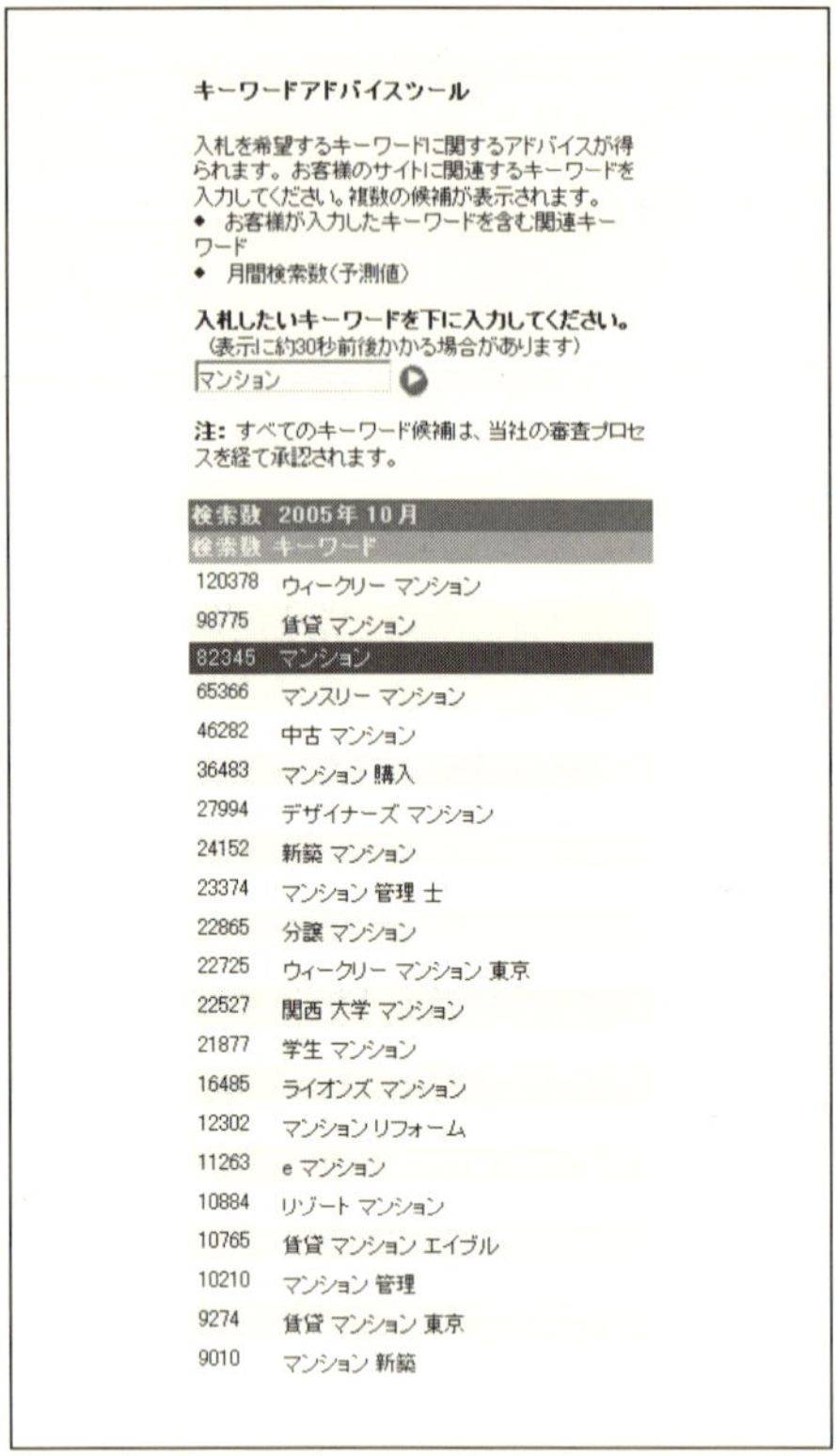
キーワードアドバイスツール

入札を希望するキーワードに関するアドバイスが得られます。お客様のサイトに関連するキーワードを入力してください。複数の候補が表示されます。
- お客様が入力したキーワードを含む関連キーワード
- 月間検索数（予測値）

入札したいキーワードを下に入力してください。
（表示に約30秒前後かかる場合があります）

マンション

注： すべてのキーワード候補は、当社の審査プロセスを経て承認されます。

検索数 2005年10月	
検索数	キーワード
120378	ウィークリー マンション
98775	賃貸 マンション
82345	マンション
65366	マンスリー マンション
46282	中古 マンション
36483	マンション 購入
27994	デザイナーズ マンション
24152	新築 マンション
23374	マンション 管理 士
22865	分譲 マンション
22725	ウィークリー マンション 東京
22527	関西 大学 マンション
21877	学生 マンション
16485	ライオンズ マンション
12302	マンション リフォーム
11263	e マンション
10884	リゾート マンション
10765	賃貸 マンション エイブル
10210	マンション 管理
9274	賃貸 マンション 東京
9010	マンション 新築

[オーバーチュアのキーワードアドバイスツール。誰でも無料で閲覧可能。「言葉の需要」が一目でわかる]

検索キーワードの市場は、言葉の数だけ存在する。

では、一体どれくらいの「検索される言葉」があって、何十万と検索されるようなビッグなキーワードはどれくらいあるのか？ この答えは推論ではあるが、すでにある程度わかっている。

まず、ヤフーでは、日本において検索されるキーワードは一日に一八七六万種類（！）あるといわれている（※3）。

「一八七六万」という数字をイメージするのはかなりむずかしいと思うのだが、ちょっと考えてみてほしい。検索エンジンでキーワードを検索したら、必ず検索結果は現れる。言葉が違えば、確実に違う検索結果が現れる。つまりメジャーな検索エンジンは、約二〇〇〇万ページの「広告掲載スペース」を持っているスーパーメディアということである。

これは本当に、信じられないくらいすごい数字なのだ。仮に二〇〇〇万ページの電話帳が存在するとしよう。冊数にして一万四〇〇〇冊、積み上げると五七七メートルになる。東京タワー約二本分の電話帳が、各家庭やオフィスにパソコンの数だけ置いてある、とイメージすればよい。

　多くの人がインターネットの技術進歩に目を奪われて本質を見逃しているのは、実はこういう点なのだ。

▶キーワードトップ10

順位	検索キーワード	月間検索回数
1位	2ちゃんねる	7,921,371
2位	Google	3,754,730
3位	goo	2,859,615
4位	楽天	2,629,895
5位	JAL	2,281,355
6位	壁紙	2,122,927
7位	Amazon	2,115,006
8位	Hotmail	2,051,635
9位	ANA	1,932,815
10位	フジテレビ	1,861,522

[ヤフージャパン発表2004年検索キーワードランキングトップ10と、オーバーチュアのキーワードアドバイスツールから月間検索数を参照（※4）]

▶検索数と検索数順位の相関グラフ

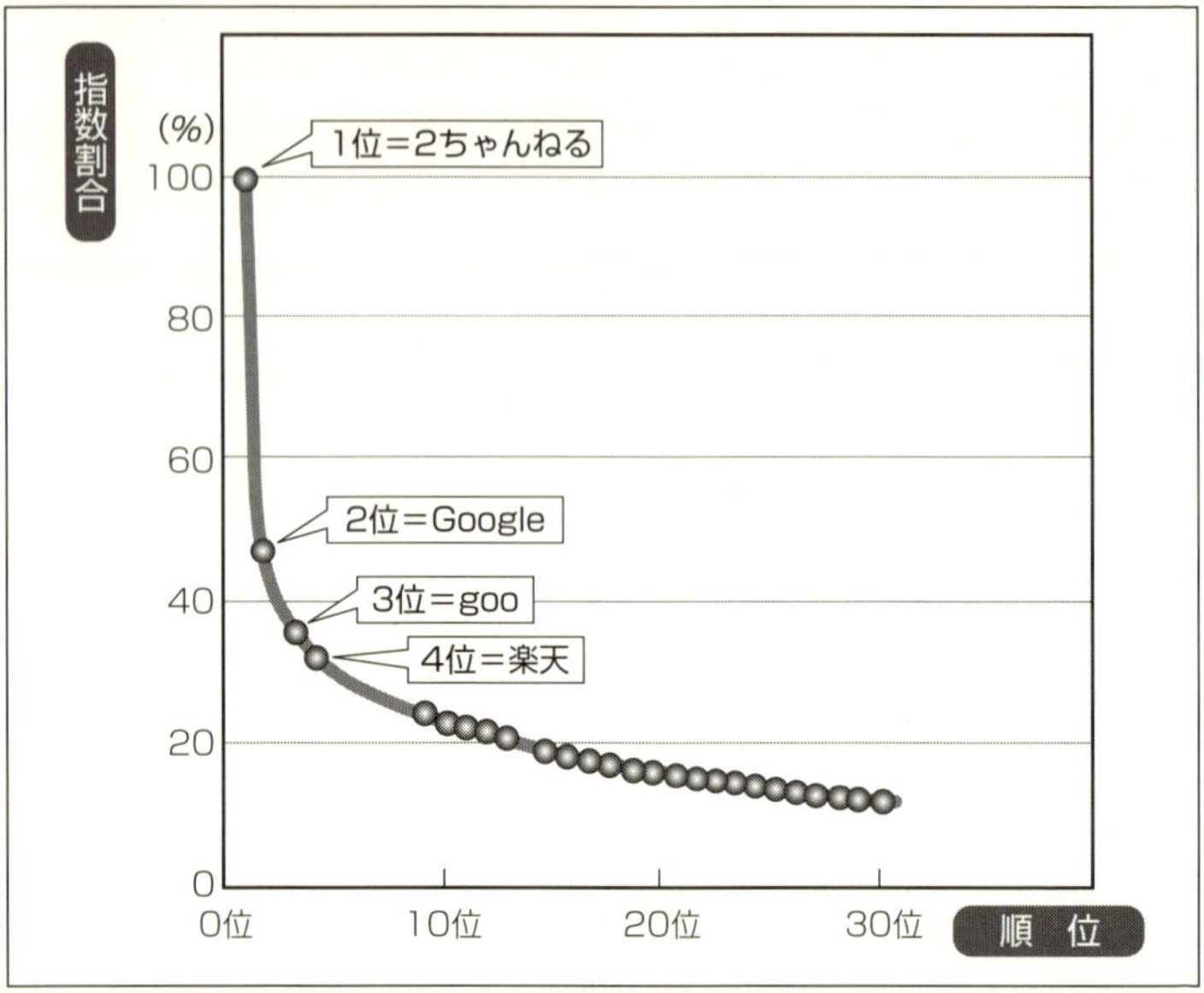

［上位の「2ちゃんねる」「Google」などのわずかな少数が極端に突出している］

むずかしく考えないでほしい。要するに、広告を出す側の視点から考えれば、検索エンジンとは「読者層がインターネットユーザーである二〇〇〇万ページの電話帳」にすぎないのである。

そして、このスーパー電話帳のすごいところは、「どのページが、月間どれだけ見られているか」という情報が無料でインターネット上に公表されているところにある。

例えば、ヤフーの検索キーワードランキングトップ10は、前ページの表で示したようなキーワードだ。

そして、検索回数を縦軸に、上位トップ30の順位を横軸にグラフ化すると、相関グラフの図で示したよう

▶検索キーワードのロングテールイメージ図

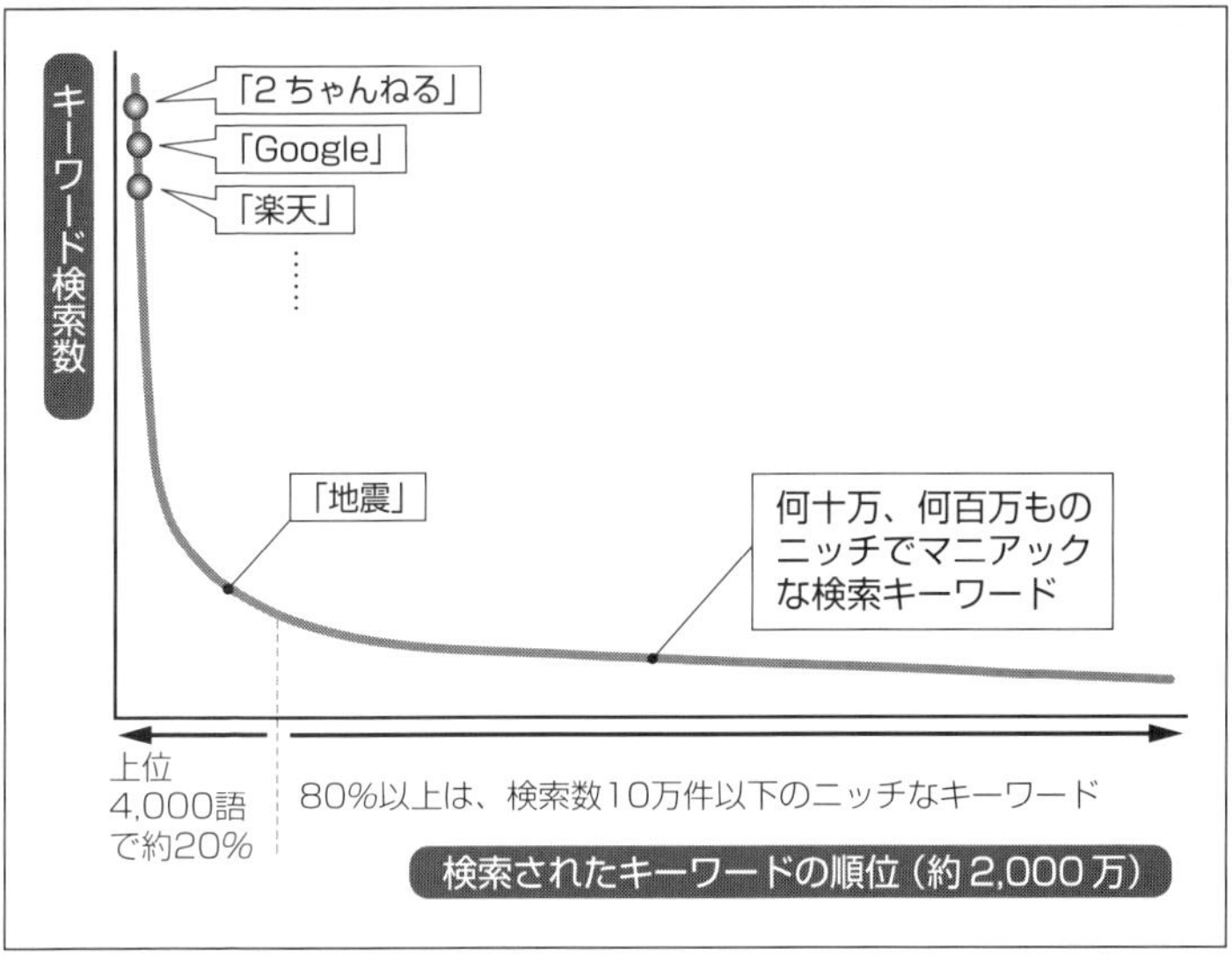
キーワード検索数
「2ちゃんねる」
「Google」
「楽天」
……
「地震」
何十万、何百万もの
ニッチでマニアック
な検索キーワード
上位
4,000語
で約20%
80%以上は、検索数10万件以下のニッチなキーワード
検索されたキーワードの順位（約2,000万）

になる。

注目してもらいたのは、「どんなキーワードが上位にあるか」ではなく、「検索回数の多いキーワードはどのように出現するか」にある。

上位の「2ちゃんねる」「Google」などの**わずかな少数が極端に突出していて、順位が下がるにつれ、なだらかな曲線となっていく**ことがよくわかるだろう。

約二〇〇〇万近い検索キーワードすべてを横軸に並べたとすると、イメージ図のようになる。

長〜い尻尾のように見えることから、「ロングテール（long tail）」などと呼ばれる（現実には、右側の尻尾部分はもっともっと延々と長くなる）。

なぜこのような図になるのか？　誰もがよ

く検索するような、「Google」とか「楽天」、あるいは「地震」などの世情をあらわすような検索キーワードはほんの数千種類しかない。上位四〇〇〇種類のキーワードを順番に並べても、全体の二〇％程度といわれている。

その他八〇％は、「ウクレレ　教室」とか、「ジブリの森　駐車場」とか、「家系図　ソフト」とか、「身長　伸びる　方法」とか、もうあなたにはとても想像もつかないようなニッチ（すき間）でマニアックな言葉ばっかりだ、ということだ。「一日に一回しか入力されない言葉が全体の六三％を占める」という。

一六〇〇倍の投資効率をもたらすキーワード

「検索キーワードの種類、つまり市場の規模はだいたいわかった。何十万件も検索されるようなキーワードがものすごく少ないこともよくわかった。そんじゃあ、一体どこを狙えばいいんだ？」

と思われるだろう。

前述の「検索キーワードのトップ10ランキング」などを見ればわかるとおり、誰もが検索するような「プレミアムキーワード」はほとんどが固有名詞である。いくら「フジテレビ」とか「Mixi」などのキーワードの検索数が多いからって、あなたがこのキーワードで広告を出せるわけではない（商標登録の問題があるから）。

固有名詞が直接検索される「大企業」「有名サイト」でない限り、キーワードでビジネスをする場合は普通名詞で勝負することになる。だが、現実には検索数一〇万件を超えるような普通名詞はほんの数千種類しかない。

大きな検索数のキーワード市場はガバッと反応を取れるので、大企業が費用対効果よりもシェアを重視して大量資本投下してきてしまう。「金融」「投資」「転職」「保険」などのキーワードが代表例だ。とても中小企業や起業家が選べる市場ではない。費用対効果を無視してやみくもに顧客獲得にくる相手とはまともに戦わないほうが賢いのだ。

特に、一二月や三月などは要注意。大企業やＩＰＯを狙っているだけのベンチャー企業は、「年度末だから、なんとか売上あげて帳尻合わさないと！」とか、「投資家に説明するのに顧客数が足りない！」などという、「利益」とは全然関係ない理由でガンガン広告出稿してくるケースが非常に多いから本当に要注意だ。

では、どうすればよいか？　その答えはいたって簡単だ。

「大企業が大量資金投下してくる少数のビッグキーワード市場よりも、多くの人が注目していない大多数のニッチキーワード市場を狙え」

ということに尽きる。

検索キーワードは、全体の八〇％が検索数一〇万件に満たないようなマニアックなニッチキー

検索キーワードの割合

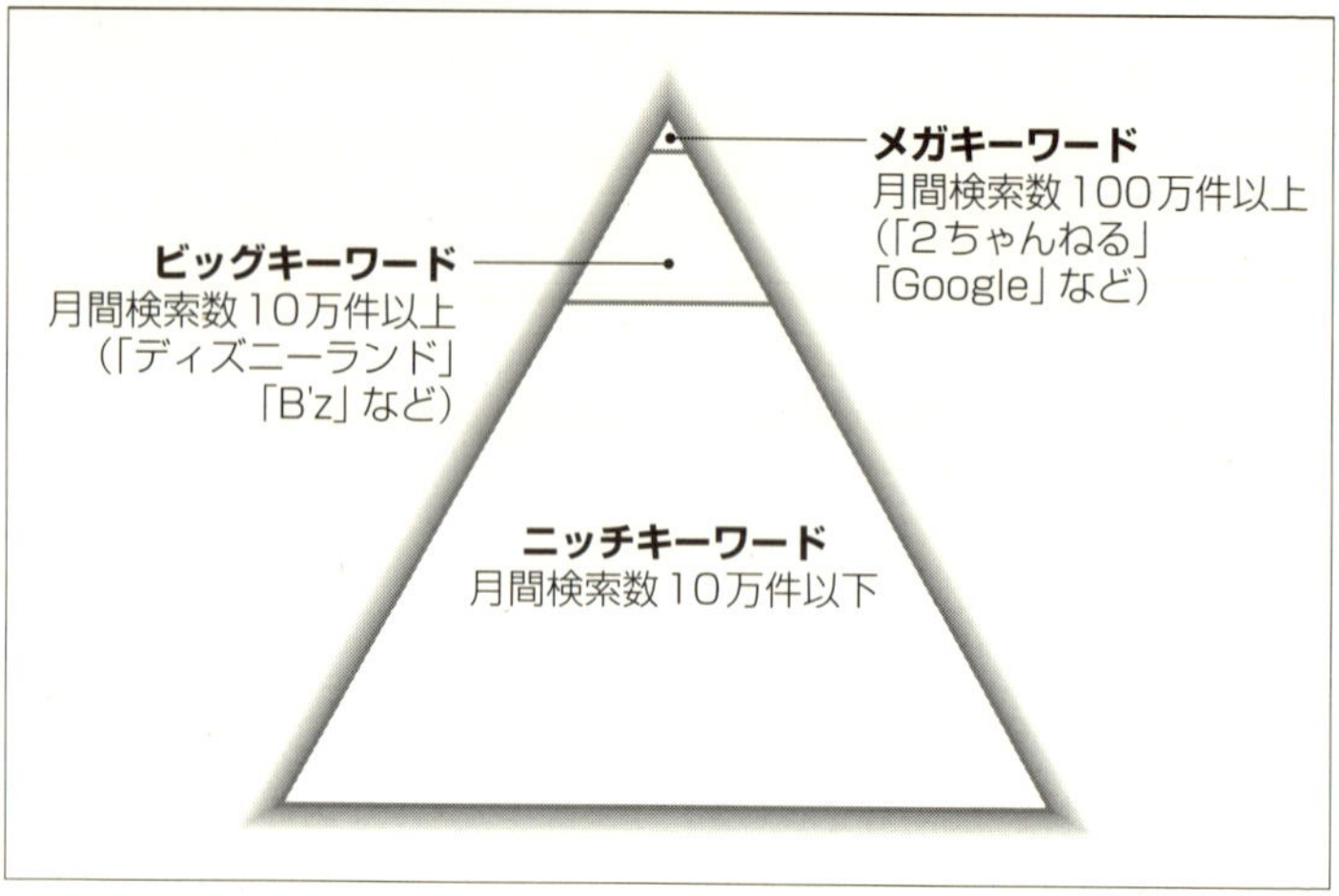
メガキーワード
月間検索数100万件以上
(「2ちゃんねる」
「Google」など)
ビッグキーワード
月間検索数10万件以上
(「ディズニーランド」
「B'z」など)
ニッチキーワード
月間検索数10万件以下

ワードである。実は、大資本が注目しないこのニッチゾーンにこそ、誰にも気づかれないようなお宝がわんさと埋まっているのである。

実は、私が一年目にインターネットで起業したビジネスは、まさにこのニッチキーワードの市場だった。ペットをブリーダーから直接仲介するビジネスで「チワワ」「ミニチュアダックス」といった五万件前後のニッチキーワードに広告を出す。すると、ペットブームの波にも乗ってお客からの注文は毎日届いた。

ネット起業一年目から年商五〇〇〇万円を達成。開業資金はわずか数十万円、社員ゼロで収益率は三五%を超えていた。

収益がピークの頃に私はこのペットビジネスをバイアウト(事業売却)し、現在では別の通販事業でキーワード市場への広告投資をして月商一〇〇〇万円、年商一億円を楽に超えるレベルにまで成長することができている。しかし、起業一年目と同じように、最初に参入したキーワード市場は、「ホームページの作り方」という検索数わずか三万件程度の、実にマニアックな言葉だった。冒頭で紹介した「地震関連ビジネス」も「地震」という何十万と検索されるキーワードは、はじめた当初は競合のいない無風状態だった。しかし半年後には次々と競合が現れて、現在ではとても新規参入は不可能な状態になってしまった。

人気の株は、世間に情報が知れわたってしまったら、もはや大きな収益は生まない。実際に市場から利益を上げているのは、もっとニッチでマニアックな割安株なのである。

例えば「矯正歯科」などというキーワードは、「地名」との複合キーワードになると、わずか一〇〇件くらいの検索数しかなくなってしまう。しかし、「地名」入りのキーワードは、検索エンジンではすこぶる反応がよいのだ。なぜなら、純粋に「場所」を調べたいのならヤフーやGoogleで検索するのではなく、マップファンなどの「地図サイト」で地名を調べるからだ。検索エンジンでわざわざ地名を入れて検索する人は、「客か業界関係者」のどちらかしかいない、と言いきってもいいくらいだ。

事例を見てほしい。自力でホームページを立ち上げ、マーケティングも行うハイパーな「個人歯科医」がいる。現在、開業医は大変不況で、特に個人医となると誰でも集客に苦労しているのだが、彼は検索結果に告知しはじめた月からネット集客だけで月間五〇〇万円売り上げた。

現在もクライアントのほぼ一〇〇%がインターネット経由だ。一体、どのような方法を取っ

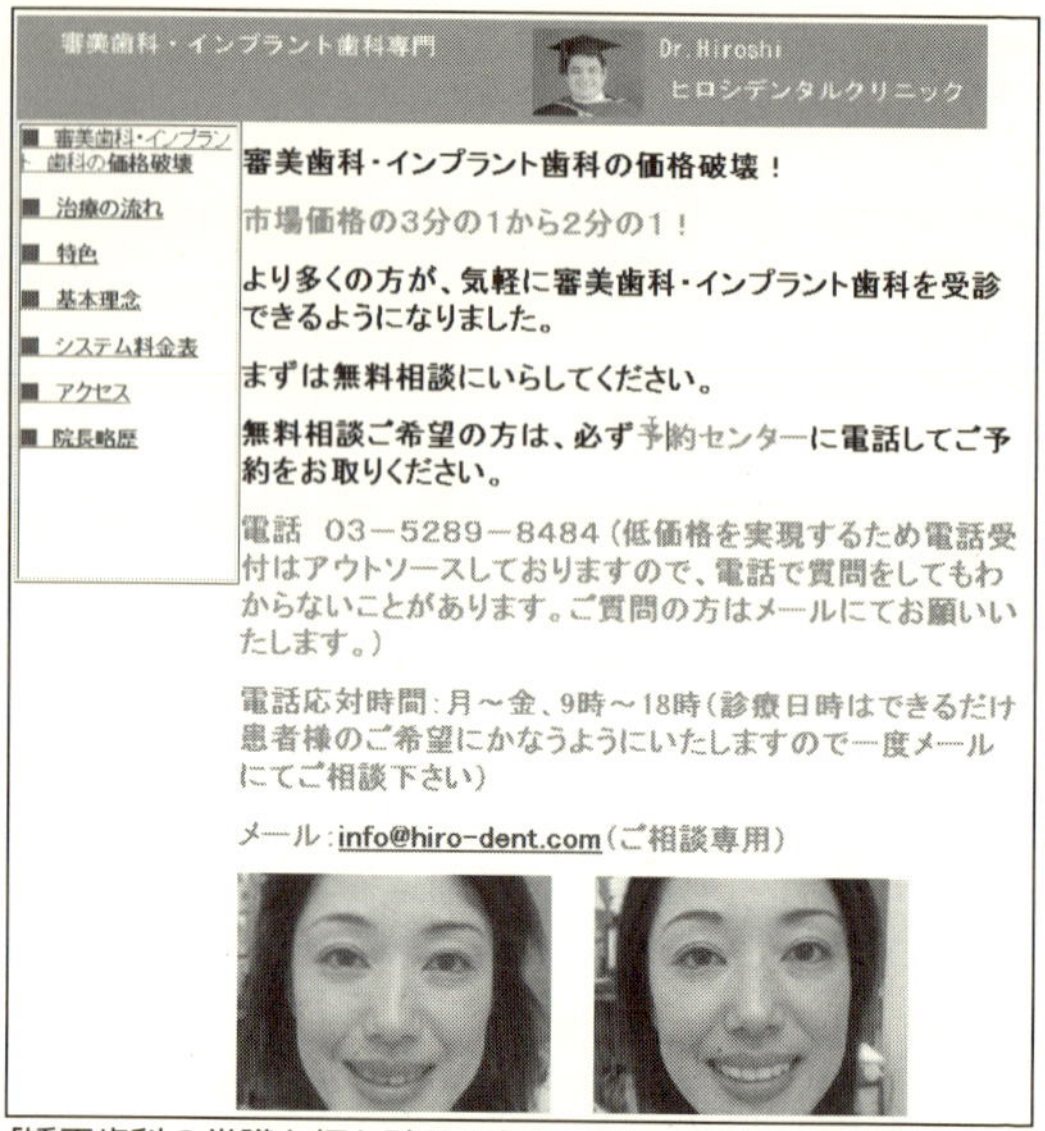
審美歯科・インプラント歯科専門
Dr.Hiroshi
ヒロシデンタルクリニック
■ 審美歯科・インプラント歯科の価格破壊
■ 治療の流れ
■ 特色
■ 基本理念
■ システム料金表
■ アクセス
■ 院長略歴
審美歯科・インプラント歯科の価格破壊！

市場価格の3分の1から2分の1！

より多くの方が、気軽に審美歯科・インプラント歯科を受診できるようになりました。

まずは無料相談にいらしてください。

無料相談ご希望の方は、必ず予約センターに電話してご予約をお取りください。

電話 03−5289−8484（低価格を実現するため電話受付はアウトソースしておりますので、電話で質問をしてもわからないことがあります。ご質問の方はメールにてお願いいたします。）

電話応対時間：月〜金、9時〜18時（診療日時はできるだけ患者様のご希望にかなうようにいたしますので一度メールにてご相談下さい）

メール：info@hiro-dent.com（ご相談専用）

[矯正歯科の常識を打ち破るようなコストダウン。豪華な設備も看板もなく、女の子の事務員も雇わずに審美歯科を営む山田氏。ＭＢＡも取得しているハイパーな医師。「お客さんに無駄な経費を払わせて、法外な出費を強いるのは本末転倒。低コストで矯正を行うことで笑顔の連鎖を広げたい」と語る。

検索数が少ないマニアックなキーワードでも年商5000万〜2億円程度の高い売上が可能]

たのか？

オーバーチュアとGoogleアドワーズの「審美歯科 ＋ 地名」のキーワードに、自力で広告出稿しただけである。しかし、広告を出しているライバルは他に一切いなかったので、広告投資額はわずか三〇〇〇円だった。

広告投資額の一六〇〇倍の売上効果をもたらしたことになる。いわば、この検索キーワードはものすごく高い投資効率をもたらす優良割安株、ということだ。

このような成功事例は、実は山ほどある。

最強のビジネス戦略とは、「戦わずして勝つ」ことなのである。

驚くべきことに、高額商品を扱っていて「実際に店舗に出向かないといけない」ような商売の場合は、競合他社がキーワード広告を出すケースが非常に少なく、まったくといっていいほど無風状態で競争が存在しない。

なぜか? 単純に、**キーワード検索結果に告知できることを知らない**のである。

あるいは、**知っていてもインターネット広告の操作画面がわかりにくいので、自力で広告を出すことができない**のだ。

インターネット上で最もアクセスを稼いでいるサイトに、個人でもわずか数時間後には広告を出すことができるうえに、最高のコストパフォーマンスを誇っているのにもかかわらず、である。

本来であれば、需要を持っているお客さんと商品・サービスを提供する企業を結びつけるのは広告代理店の役割だ。

「あなたの商品はこんなターゲットのこんな媒体が適切だから、広告を出してみませんか」

と、営業しなきゃいけないのである。

美容整形のように顧客単価が数百万円になり、かつインターネットへの需要が極端に高い場合は、通常は広告代理店が「広告全般」を請け負ってキーワードによるビジネスを熱心に行う。大企業の場合も、ほとんどは自社で出稿せずに代理店が企画・運営にからんでいるわけだ。

しかし代理店というのはご存知のとおり、「媒体費の手数料何パーセント」の収益で成り立っている。月間数百とか数千しかない検索キーワードだと、せいぜい三〇〇回くらいしかクリックされないのでクリック単価一〇円だとしたら、月間の広告費はたった三〇〇〇円。

これだと手数料一〇%だとして月間三〇〇円の売上にしかならない。六本木や青山にバカ高い家賃を払って営業している広告代理店の事業は、とてもじゃないが成り立たない。成功報酬でやろうとしても「実際に成約するかどうか」はネット上では判断できないのでシステム化もできない(電話をする客のほうが多いから)。

要するに「手間がかかるわりにはろくな儲けにならないのでアホらしくてやってられない」のである。

実は、私は起業する前の八年にわたるサラリーマン時代のほとんどを、「広告プロモーションの請負業」に費やしてきた。だから、広告代理店の考えることは手に取るようによくわかる。どれだけ美辞麗句を並べて小さい企業の小さな仕事を受注しても、社内では評価されない。請負業のビジネスモデルでは人件費の割が合わないからだ。大企業からドカッと受注をもらわないと社員が生きていけないのだから、もうこれはどうしようもない。

そしてほとんどの広告代理店は、広告予算を潤沢に持っている大企業に奴隷のように扱われる存在である。どう考えても社会的に需要がなくなっているような商品を無理矢理売りつける算段を考えさせられる。売れなければ文句を言われる。それでも契約が切れるのが怖いから媚びへつらう。

私はこんな誇りの持てない生き方を否定すべく、小さな需要を満たすニッチビジネスで起業をしたのだ。

需要があるところで商売をするから、当然売れる。

問題解決をしてくれたお客さんには心から感謝される。

価格競争になりにくいから利益をたくさんいただける。

こんなに楽しいビジネスフィールドがほかにあるだろうか？

検索数の少ないニッチキーワードは、誰にも有効活用されることなく、大量に放置されている。

唯一、勉強することを怠らず情報収集に投資をする数少ない優秀なビジネスパーソンだけが、その高い投資効率に目をつけ、儲けを得ることができるわけだ。

ニッチ（すき間）といっても、「言葉の需要」から新規顧客を確実な費用対効果で獲得できる道ができれば、年商一億円を超えることはまったくむずかしいことではない。一人か二人の効率経営も十分可能なので、ネットビジネスオーナーとしての年収を一〇〇〇万円以上にすることはもっと簡単である。

インターネット上で検索される二〇〇〇万の検索キーワードには、二〇〇〇万の検索結果が必ず存在する。そしてそのほとんどは大企業や広告代理店には相手にされないニッチキーワードである。ロングテールの中には、誰にも手がつけられていないフロンティア（未開拓地）が無数に存在するのである。

急いでいる客は「広告」をクリックする

「検索エンジン対策っていったら、まずＳＥＯ（検索エンジン最適化）でしょ。無料でアクセス数がガンガン稼げるんだからさ！」

キーワード検索結果への告知、というとほとんどの人はこう考えてしまうと思う。実はこれが大きな誤りなのだ。ＳＥＯ対策はインターネットマーケティングに取り入れる必要はもちろんある。最低限のことはしなきゃならない。しかし、優先順位は明らかにキーワード広告よりも下で、あくまでも補完的な要素でしかない。

なぜか？

ことは非常に単純だ。キーワード広告を出していないと「今すぐ買いたい」と考えているお客を、確実に逃してしまうからだ。

世の中には「なんらかの理由で」あなたが扱っている商品を緊急に必要になっている人が、必ず存在する。例えばこんなケースを想定してほしい。

ある寒い日の深夜、あなたは布団から起き出して、トイレで用を足す。ほーっと一安心して水を流すと、異変に気づく。どうも様子がおかしい。つまっている。ヒエー！　便器内の水位がだんだんと上昇して、どわっ！　とあふれ出す。身も凍る恐怖の一瞬だ。

[「トイレ　つまり」で検索してみると……]

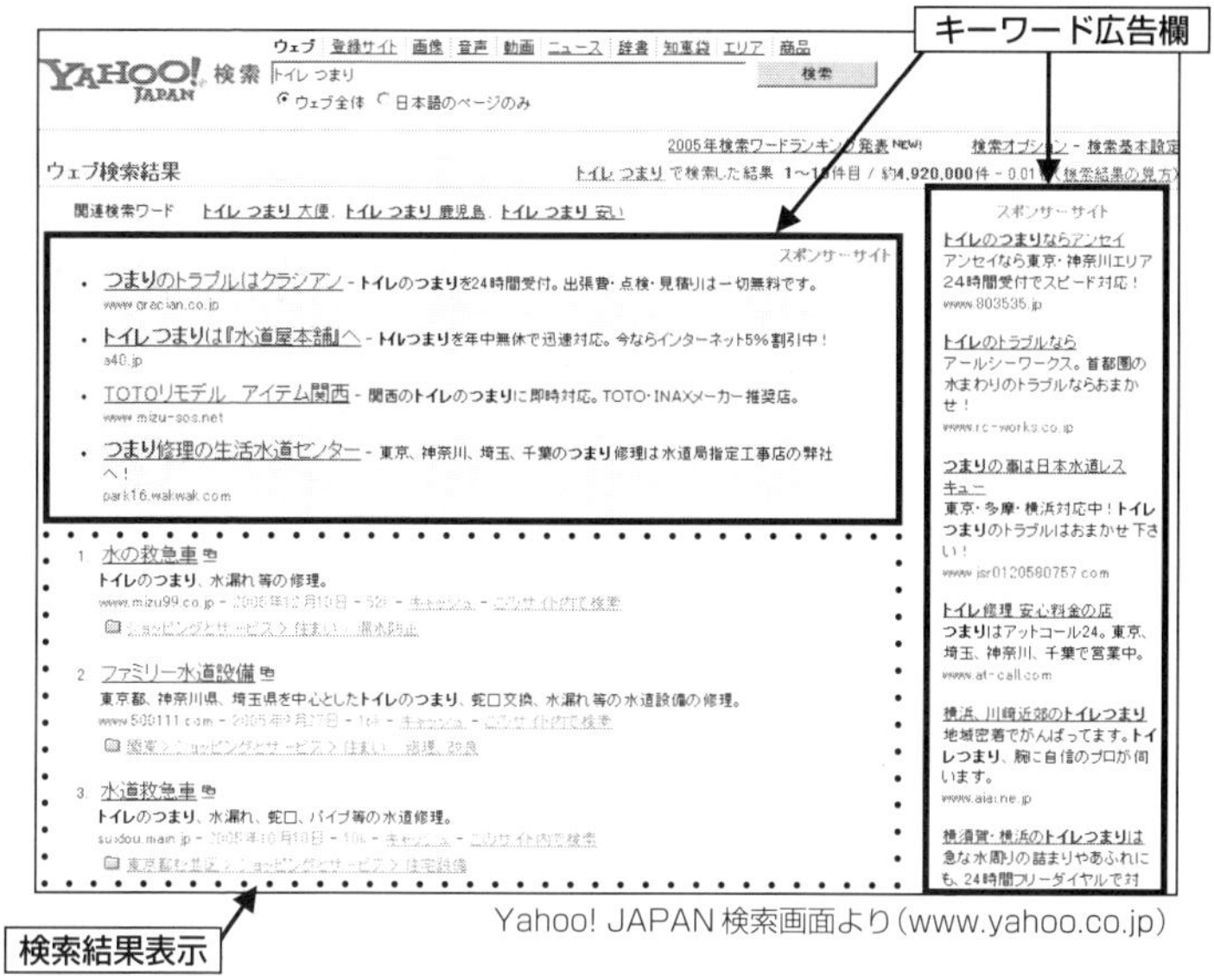

Yahoo! JAPAN検索画面より（www.yahoo.co.jp）

あわててあなたは対処法を考えるが、どう考えてもこの足の踏み場もない悲惨な状態は自分でなんとかできるレベルではない。翌朝アパートの管理人に連絡することを考えたが、明日は土曜日でやっていないことに気づく。

さてどうしよう。とてもじゃないがゆっくり眠れる状態ではない。明日は朝早くから出かけて友人の結婚式に行かなきゃならんのに！　問題を解決できるなら、お金を払ってもいいが、どこに連絡すればいいかさっぱりわからない。

困ったあなたは、インターネットで「トイレ　つまり」とキーワード検索をしてみる。対処をしてくれるサービス業者がいるかもしれない。検索結果を見てみる。

さて、ここであなたは「二四時間年中

無休でトイレのつまりを直します。出張費・見積もり無料今すぐお電話を！」というキーワード広告を無視することが、はたしてできるだろうか？　広告欄をすっ飛ばして、その下の検索結果をわざわざクリックしに行くだろうか？

まずありえない。相当高い確率であなたは広告を出している会社にアクセスして、即刻電話をかけるにちがいない。

なぜならば、「今すぐ問題を解決したい必要に迫られている客」は素早いレスポンスが欲しいからだ。「金を払って広告を出している会社が、お客からの申し込みにルーズな対応をするわけがない」という確信を持つ。だから、急いでいる客はキーワード広告をクリックする。

そして、インターネットはこういう「急いで問題解決したいんだけど、ほかに方法がないからインターネットに頼ってきた」というケースが非常に多い世界なのである。

このロジックは、いわゆる「欲求系」の商品の場合でも同じだ。

以前、私は三〇万円、四〇万円もする高級ペットを取り扱う事業をネットで行っていたが、「娘の誕生日が来週の日曜日で、プレゼントする約束をしてしまったんだ。どんなに高くてもOKだから必ず間に合うように大急ぎで頼む！」

というような客が本当に多かったことをよく覚えている。

エルメスのバッグであれ、BMWであれ、「必要性はないが欲しい」というウォンツ(欲求)型商材でも、購買を決定する瞬間には、必ず何かさし迫った必要性が生じている。

「来月の彼氏とのクリスマスデートは絶対かっこよく決めたい。だから買わなきゃ」
「もうこの車も限界だな。ブレーキの利きが甘くて危ないし。だから買い換えることにしよう。そう、今すぐに。だってしょうがないよね。来月には楽しみにしていた箱根旅行に家族でいかなきゃいけないいんだから」

こういう客は、自分自身で必要性をつくり上げ、タイムリミットが決まっていて急いでいる。だから、売る側にも積極的でいてもらわなければ困る。なぜなら、モタモタしていたら「買うことができないリスク」が新たに生まれてしまうからだ。

そう、「今すぐ買いたいと思っている客」は、広告をクリックする。「時間を失うリスク」「買えなくなるかもしれないリスク」を軽減してくれる広告は、「すでに購入を決めているお客」にとっては、自分の問題を一瞬のうちに解決してくれる救いの神なのだ。

SEO(検索エンジン最適化)対策だけをやっていて、キーワード広告を出さないのは、財布から金を出して「買わせてくれ!」と懇願しているお客を無視しているのと同じである。

また、「宣伝などしなくても、需要があっていい商品・サービスを提供していれば自然とリンクされる数も増えてアクセス数が増えてくる」と考えるのは甘えた幻想以外のなにものでもない。トヨタやキヤノン、JALのような超有名大企業ですら宣伝しなければ商品は売れない。いわんや名前も知らない中小企業や個人事業のサイトの商品が広告を出さないで売れるわけがない。商品が存在することを消費者に知ってもらえなければ、どんなに優れた商品・サービスであっても買ってもらえない。実に当たり前のことである。

私の言いたいことは、つまりこういうことだ。

「客を獲得したければ、広告を出せ！」

市場原理は「タダ乗り」を許さない

私は現在の事業で行っている商品のホームページについて、まったく同じものを二種類作成している。一方はキーワード広告だけに使い、一方はSEO（検索エンジン最適化）を施し、検索エンジンからの集客だけに使う。これで「キーワード広告」経由と、「検索結果」経由、どちらから来るお客が成約しやすいのか、効果分析をしているわけだ。

半年以上にわたり自分以外のクライアントにも協力してもらって、さまざまな「検索結果と、広告と、どちらが効果的か？」という検証をした。

その結果、絶対に間違いのないシンプルな事実を発見できた。

それは、「SEO（検索エンジン最適化）で一位表示させていたとしても、その上に広告を出せばお客の数は確実に増える」ということである。

私は現在、五〇〇社のネットビジネスオーナーをクライアントとしているが、この意見に「事実と反する」と答えた人は本当に一人もいなかった。

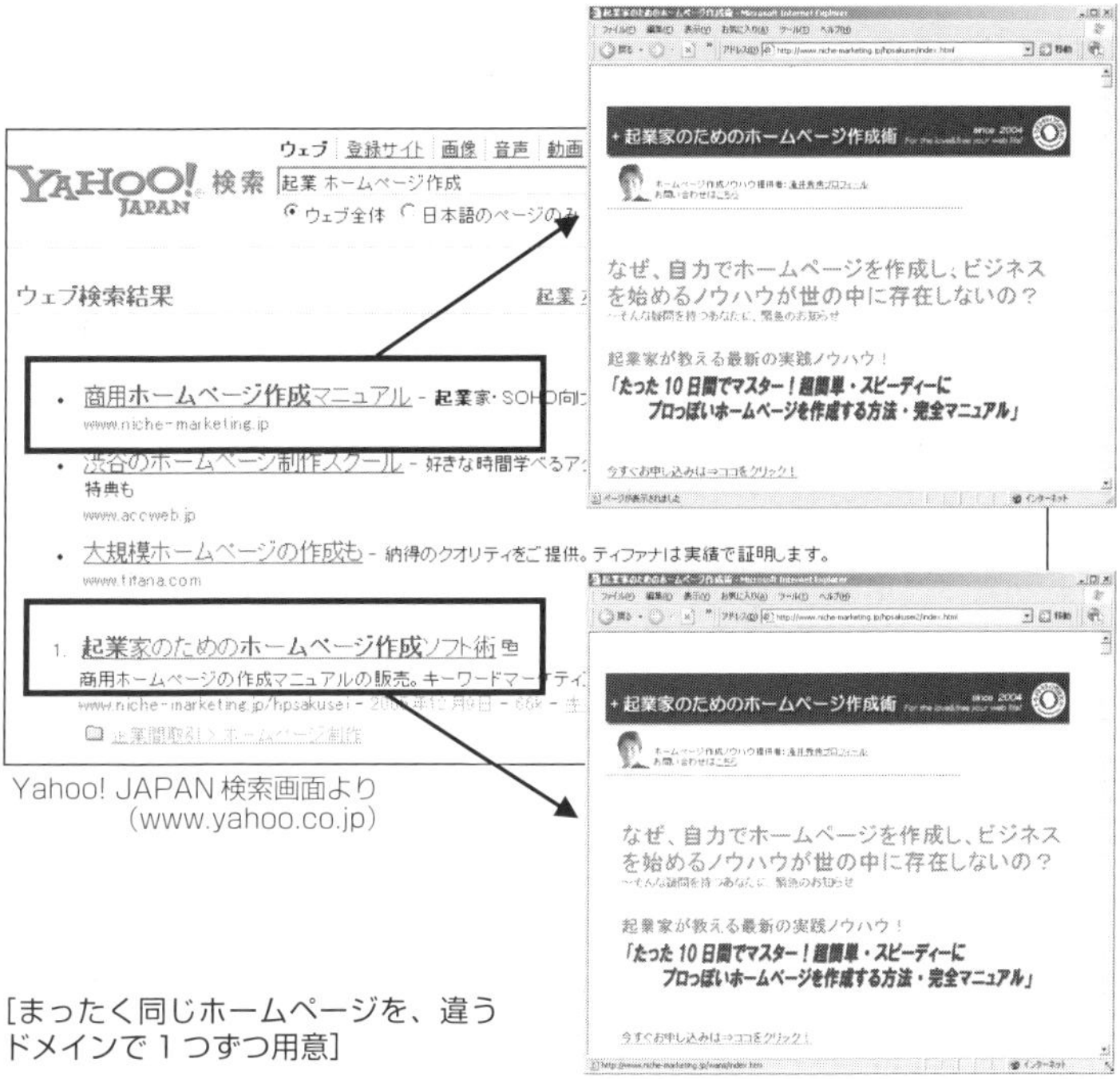

Yahoo! JAPAN検索画面より
（www.yahoo.co.jp）

[まったく同じホームページを、違うドメインで1つずつ用意]

要するにこういうことである。

もしもあなたが、需要があるキーワードの商材を持っていながら、キーワード広告を出していなかったとしたら、それは「お客が目の前でライバルに横取りされているのを、指をくわえて眺めている」のと同じ。確実に、お客を逃しているのである。

ところが、こういう事実を知らないと検索結果の順位だけに、恐ろしく神経質になる毎日を送るはめになる。「今日はヤフーに動きがあって一気に検索結果順位が二位になった！」「昨日まで五位で表示されていたのに、いきなり二〇位に下がってしまった！」などという声があちこちから聞こえる。順位が下がると検索エンジンに恨みを持つ人すらいる。

私から見ると、なぜこうも検索エンジンの勝手な都合に一喜一憂する人が多いのか、不思議でしょうがない。

単純な話、検索エンジンは、「メディア」である。

最新のＩＴ技術を持っていて、すさまじい情報量と利便性を持っているけれども、情報を提供することで大量の読者を獲得し、その読者層に向けた広告の収入で事業を成り立たせているのだから、新聞や雑誌のような広告媒体と基本構造はなんら変わりはない。

もう少しわかりやすく言おう。Googleやヤフーは、誰でも情報を閲覧できる。「無料で情報を取得できる媒体」という意味では、フリーペーパー、つまりリクルート社の『ホットペッパー』や『R25』に最もイメージは近い（実際に、Googleの収益のほぼ一〇〇％が広告収入）。フリーペーパーに無料で記事を掲載してもらっているのに、その掲載順位に文句をつけるほうがそもそもおかしいのである。

メディアからすれば、「無料で載っけてやってるんだから文句を言うな。自分の思いどおりにしたければ、金を出して広告を出せ」というのが本音である。

市場原理は「タダ乗り」を許さない。

金を払わずにお客を集めようというのが、そもそも虫のよい話なのだ。

読者向け成功事例レポート

無料進呈

本書にも書ききれなかった 実例・事例が満載！

キーワードマーケティング研究所　滝井秀典が書き下ろした特別レポートを、インターネットからダウンロードできます。

- 今、狙える穴場のキーワードはこれだ！
- コンバージョン（成約）率を３倍にするホームページ作成・３つのコツ
- 誰でもできる！　超簡単キーワード広告の分析テクニック
- クリック単価を高騰させないための極秘テクニック

などなど、５種類のシークレットファイルがホームページからダウンロードできます。
今すぐホームページにアクセスしてください。

※この無料プレゼントは期間限定です。終了の際はご了承ください。

ヤフーかGoogleで、

「キーワードマーケティング」と検索してください。１番目にキーワードマーケティング研究所のホームページが表示されます。

滝井秀典のブログ

著者の滝井秀典が毎日、穴場のキーワード、面白キーワードを検索数とともに紹介しています。

キーワードマーケティングで起業！独立！新規事業！
キーワード検索数はインターネットの市場そのもの。黄金の参入市場を見つけよう！
プロフィール
キーワードマーケティング研究所の滝井です。
インターネットでの市場規模は、キーワードの検索数でわかります。
ともに金の鉱脈を見つけましょう！
このブログのコンセプト
Keyword marketing
キーワードマーケティング研究所
マーケティングノウハウはここ
キーワードマーケティング研究会
インターネットマーケティングを勉強して年商1億円、年収1千万円を達成したい方へ
2006年02月14日
エゴグラム
心理テストらしい。
心を5つの領域に分類するもの。
うーんあまり商売にはならないかもしれないが、入札はゼロです。
21153 エゴグラム
1163 エゴグラム 性格 診断
987 エゴグラム 自己 分析
494 交流 分析 エゴグラム
324 エゴグラム による 性格 診断
324 東大 式 エゴグラム
265 teg エゴグラム
229 babaa エゴグラム
225 心理 テスト エゴグラム
193 エゴグラム 診断
Posted by hidenori37 at 03:33 | Comments(0)
2006年02月13日
指を4針！
いやーやってしまいました。

ヤフー、Googleで

「キーワードマーケティング　ブログ」

と検索してください。

滝井秀典のブログにアクセスできます。

キーワードマーケティング
Google 検索
I'm Feeling Lucky

URL＝http://www.niche-marketing.jp/

検索エンジンはヤフーやGoogleだけではない

「広告を出せ」という私の主張は、別にヤフーやGoogleをヨイショしているわけではない。今後何十年とインターネット技術が進化していっても、膨大なアクセス数を稼ぐのは「検索エンジン」を持ったサイトとなることはほぼ間違いはないだろう。

しかし、彼らとて万能の神ではないのだ。いつ新技術を持った競合にその地位を奪われてもおかしくない。実際、世界を見渡せば、ネットが普及している主要国でヤフーが最も人気のある国はアメリカ、イギリス、日本くらい。世界を制覇しているかのように見えるGoogleにしてもヨーロッパ以外はそんなに強くはない。中国では「Baidu.com」、韓国では「naver」といった検索エンジンのほうがはるかに人気がある。

広告主の側からすれば、「検索エンジン」とは単なるメディア(告知媒体)である。ネットビジネスオーナーとして「どの媒体を選ぶか」という選択肢のうちの一つにすぎない。今はずば抜けたアクセス数を稼ぐヤフーやGoogleだが、もしもユーザーの支持を失い、広告主へ費用効果の高い広告を提供できなくなれば、あっけなく凋落していくにちがいない。

むしろ私たち中小企業のオーナー、個人の起業家が考えるべき重要なポイントは、「検索窓がついているすべてのサイトに、今後キーワード連動広告が出てくる可能性がある」という点である。

ライブドアやＭＳＮなどのようなポータルサイト以外にも、Amazonはすでにオーバーチュアとの提携をしている。「本」をキーワード検索すると、本とともにキーワードに連動した広告欄が出現するわけだ。

そのほか、Mixiにも、キーワード検索窓は存在する。コミュニティの中で「バイク好きな人を探したい」と思えば、「バイク」と検索する。結果、「バイク査定」のキーワード広告欄が現れるわけである。

楽天や価格.com、のような物販サイトにも、あるいはヤフーオークションにも当然検索機能はある。ユーザーが検索をして、検索画面に出てこなければ、あなたが扱う商品は存在しないのと同じである。

「ブログ」検索、「メルマガ」検索、「ＲＳＳリーダー内」検索なども、すべて「キーワード」で検索をする機能がある。つまり、「検索窓」があれば、「キーワード需要」があり、供給が十分になされていないのであれば、そこにはビジネスチャンスが存在する。恐ろしく反応のよい広告媒体になる可能性がある、ということなのである。

インターネット上には、ヤフー、Googleをはじめ、たくさんのデータベース(情報集積所)が存在する。そこには毎日すごいデータ量が蓄積されているけれども、私たちは「言葉(言語情報)」でしか、そのデータを引っ張り出すことはできない。おそらく今後一〇年くらいはこの基本構造は変わらないだろう(なぜなら、コンピュータは、「コンピュータ言語」で動いているからだ)。

Top Sites Japanese

Browse the most popular sites on the web. Learn more.

1. 

Yahoo! Japan
Japanese version of popular portal site.
www.yahoo.co.jp - Site info

2. 

Google 日本
多言語対応サーチエンジンの日本版。ウェブ、イメージおよびニュース検索、
www.google.co.jp - Site info

3. 

楽天市場
各種の通販サイトをバーチャル店舗として入居させているショッピングモール
www.rakuten.co.jp - Site info

4. **Livedoor**
Free internet access, homepage space, and e-mail. Information in English is available.
www.livedoor.com - Site info

5. **MSN Japan**
マイクロソフトのポータルサイト。ニュース、ショッピング、Hotmail、メッセンジャーサービスの入口。

www.msn.co.jp - Site info

6. **Mixi**
ソーシャルネットワークサイト。メッセージ交換、日記、コミュニティ作成、友人紹介機能。
www.mixi.jp - Site info

7. **Goo辞書**
三省堂が提供するEXCEED英和と和英、大辞林、およびデイリー新語辞典を提供。
www.goo.ne.jp - Site info

8. **Dell Computers Online**
Name brand computer retailer. Ability to custom build and order a system on-line.
www.dell.com - Site info

9. **Infoseek Japan**
日本語版インフォシーク。ロボット型サーチエンジンと、特選サイトのディレクトリ。
www.infoseek.co.jp - Site info

10. **Amazon.co.jp**

[Alexaが発表する日本のサイトのアクセスランキングトップ10。すべてのサイトに「キーワード検索窓」と「検索結果」が存在する]

インターネットで今後、新規顧客を獲得するためには、「検索キーワード」がすべての鍵を握ることは間違いないが、大事なポイントが一つある。

「検索エンジン」という言葉は、何もヤフーやGoogleのことだけをいうのではない、ということだ。一人でも多くの新規顧客を獲得したければ、人が集まりはじめている場所の情報をいち早くつかみ、ライバルのいないところでお客を独占するしかない。実際、Googleアドワーズ広告がヤフーに掲載されていた時期があったが、このサービスが出はじめた頃に大儲けした個人事業主、起業家は大勢いる。私はその幸運な波に乗れたうちの一人である。

ライバルがほとんどいない状況で、しかもワンクリック一〇円以下の広告費でヤフーの検索結果の第一位に表示できていたのだから当然の結果だ。

大企業は動きが鈍重だから、新しい機能が新しい告知手段を持ちはじめてもすぐにはビジネスを開始しない。ヤフーやGoogleが、未来永劫その地位を約束されているわけではまったくない。インターネットは情報収集に敏感で、素早い動きができる起業家にこそ大きなチャンスがある世界なのである。

リーバイスはジーパンを初めから持っていたか？

一八五〇年、ゴールドラッシュに沸くアメリカ西部では、金を掘って一発当てたいフォーティーナイナーズ（金採鉱者）が、丈夫なズボンを欲しがっていた。

ある日、ある男がたくさんの荷物を馬車に積んで、金採掘現場に向かっていた。そこに金を掘っていた一人の採掘者が話しかけてきた。

「その荷物はなんだ？」

「テント用のキャンバス地だよ」

「その丈夫な布地で、ズボンをつくってくれないか？ 荒くれの仕事だから、すぐにズボンが破けて困っているんだよ」

こんな会話から、若き日のリーバイ・ストラウスはテントに用いられる厚手のキャンバス地で世界初のジーンズを商品化した。それが一五〇年以上たった今でも、世界中の人たちに愛される「リーバイスのジーパン」となっているわけだ。起業家の美談として語り継がれている話だ。

ここで大事な点が一つある。

リーバイは別にジーパンをあらかじめ用意してカリフォルニアに行ったわけじゃあない、ということだ。人が集まるところに出向き、需要を発見し、お客の問題を解決する商品を用意したから売れたのである。

需要があって、供給がないところで売れば、儲かる。実に簡単な理屈じゃないか。

インターネットの世界では、ユーザーの需要は「検索される言葉」にその姿を変えている。

ゴールドラッシュの現場に出かけていってフォーティーナイナーズに御用聞きをする必要はな

いのだ。その気になれば誰でもキーワード需要を見ることができるのだから。お客が何を欲しがっているかという情報は、あなたが目の前にしているパソコンの中にある。

インターネットの世界で、最もアクセスされる検索エンジンという媒体でお客を獲得したければ、お客の需要に合ったビジネスをしなければならない。「商品をどうやってキーワードで売るか」という発想を、「検索キーワードに合った商品は何か？」という考えに逆転させる必要がある、ということだ。

そして、狙うべきキーワードとは、大企業が大量資金投下してくる少数の固定化されたビッグキーワード市場ではなく、多くの人が注目していない大多数のニッチキーワードにある。

この二つの戦略をマスターすることによって、ネットビジネスの成功は開かれるのである。

※1　本書で書かれた「キーワードの検索数」は、すべてオーバーチュアのキーワードアドバイスツールを参照している。わかりやすく理解してもらうために、正確な検索数よりも、大雑把な「規模感」を感じ取ってもらいたいため、「約○○万件」と数字は概算にまとめてある。
※2　キーワード広告は、ＰＰＣ広告などともいわれる。pay per clickのことだが、この言葉はキーワード検索をした人間に、そのキーワードに合った商品・サービスを提供している、という大事な側面を省いてしまっていて正しい意味を伝えていない。よってＰＰＣ広告という言葉を私は使っていない。
※3　『日経ビジネス　1314号』（日経ＢＰ社）の特集記事より。ちなみに、アメリカでは五〇〇〇万種類の検索キーワードが検索エンジンに入力されている、といわれている。日本語の単語数は、広辞苑登録で二三

万語。キーワードは、二語、三語、ときには八語の複合となって検索されるので、何十万、何百万、何千万と言葉の種類は増えていく。一日に二〇〇〇万種類、というのはほぼ妥当な数字だと私は考える。

※4　ヤフーの検索キーワードランキングは二〇〇四年のもの、オーバーチュア・キーワードアドバイスツールの参照は、二〇〇五年一二月時点。

第1章

手段に翻弄されて失敗し続ける人たち

KEYWORD MARKETING

この世で最も確実な資産とは?

この世の中で最も価値が下がりにくく、最も収益率のよい「資産」。

それが一体何かご存知か?

もちろん株でも不動産でも外貨預金でもない。

答えは、「顧客リスト」だ。

いくらビジネスで何千万円と稼いでも、紙幣インフレになれば一気に紙くずと化す。不動産を何棟と所有していても地震でぶっ倒れれば一巻の終わりだ。

しかし、顧客リストさえあれば、何も心配することはない。インフレになってもデフレであっても一切関係ない。

なぜなら、通販の世界では、一度集めた購入者は、どんな商品でもある一定の確率で必ずほかの商品を買ってくれるからだ。あなたがすべてを失って借金まみれになっても、顧客に商品告知のメールを送れば、今日からでも稼ぐことができる。

どんな投資商品もかなわない。確実に収益を上げることができる夢の資産。それが購入者リストである。

インターネットビジネスは、所詮通販である。法人向けでも消費者向けでもかわりはない。住宅を売ろうが、一〇〇〇万単位の設備機械を売ろうが、無店舗販売なのだから通信販売である。ネットビジネス＝通販では、店舗も営業マンも不要のかわりに、必ず広告を出して顧客リストを増やしていく必要がある。

だから、最も大事なポイントとは、

「新規の購入者リストを一人増やすのに、一体いくら広告費用が必要なのか」

を知ることなのである。

しかし、多くの人はこの数字を知らぬままに起業をしてしまう。経営者は天に祈りながら根性論で新規事業をはじめてしまう。

結果、多くの人は、インターネット上にあふれる間違った情報に踊らされて、あっという間に資金と労力を使い果たして泥沼にはまっていく。

検索エンジンがインターネットを支配しつつある現状では、資金力のない起業家・中小企業経営者が低いコストで新規顧客を獲得する手段は、キーワード検索経由以外にはほとんどなくなってきてしまっている。

この事実にほとんどの人は気づいていない。

本章では、あなたが罠にはまって借金地獄に陥らないように、そのありがちな間違いの代表例を説明しておこう。

衰退するメルマガ集客モデル。その理由は？

一本の電話が鳴った。

出る前から用件はわかっている。

私のクライアントから、ネットビジネスの相談事だ。

この電話番号は、名刺にも刷っていないクライアント直通番号なのだ。

私は一瞬間を置いてから、受話器を取った。

「滝井さん、私ずーっとメルマガを一生懸命書いているんですけど、ちっとも商材が売れないんですよ。まずは無料でメールアドレスを登録させることってどんな本にも書いてありますよねぇ。一体何が悪いんでしょう？」

……また来たか、と私はそっと深いため息をつく。

「インターネットでお客を集めるにはまずはメールアドレスを登録させること！」

「顧客はすぐには購入しない。だから何度もメルマガで情報発信してから購入してもらおう！」

いまだにこんな能天気なセオリーを妄信して、メールアドレスを獲得することだけを目的に広告費をばらまいている経営者、起業家が大勢いるのだ。

メールアドレスを大量に取得して、接触頻度を高めることで売れる時代はとうの昔に終わってしまっている。最近では、メール広告や懸賞サービスでお客を集めるのに一件一〇〇円以上かかる。場合によっては二〇〇円近くになることもある。これが現実である(もし一〇〇円以下で集められるのなら、そのリストはとんでもなく質が悪いと考えるべきだ)。

そして、どんなに反応率のよいメールマガジンでも、無料登録者を新規顧客にさせる転換率はせいぜい一％。つまり、どんな商材でもメルマガ経由で新規顧客を獲得するのには一万〜二万円の広告費がかかるということ。早い話が、一万円以下の商材を売っているのなら、何をどうしたって黒字にはならない。やればやるほど赤字を垂れ流すことになる。

私はなぜ多くの人がこんな小学生でもわかるようなコスト計算もしないでビジネスをはじめてしまうのか、不思議で不思議でしょうがない。

わざわざお金を払ってメールアドレスを集めて、さんざん無料で情報を提供し、夜も寝ないで一生懸命メルマガ書いたあげくに、新規顧客獲得コストが一人二万円もかかっているのなら、媒体の価値などないも同然ではないか。

しかも、メールアドレスを獲得するコストが上昇しているだけではない。メルマガを配信してから新規顧客に転換させる確率も、一％を切ることが非常に多くなっている。もしも一件当たり二〇〇円をかけてメールアドレスを獲得して転換率が〇・五％以下ならば、一人のお客を引っ張ってくるのに四万円以上かかってしまうことになる。

どんな商売をやっていたって、これで広告費をペイさせるのは至難の業だ。

私は現在年商一億円を超えるネットビジネスを運営しているが、買わないお客に対する無料メルマガ配信は一度たりとも行ったことはない。キーワードマーケティング研究所が主催する研究会では年商五〇〇〇万円を超えるビジネスオーナーが何人もいるが、みな一様に「買わないお客」に対する無駄なメルマガ発行など一切していない。

わざわざお金をかけて広告を出すくらいなら、ホームページに来たお客にその場でダイレクトに買ってもらえばいいじゃないか。高額商品や法人なら、その場で問い合わせなり資料請求させればいいじゃないか。

何も買わないお客に向かって懸命に毎週メルマガを執筆する。こんな不毛な労働に貴重な時間を浪費していたら収益など上がるはずがない。

「メルマガで見込み客を獲得してから情報提供をして成約させる」という手法は、九〇年代後半から流行したダイレクトレスポンスマーケティングの影響を受けている。

「広告ではいきなり商品は販売しない。見込み客リストを集めることだけに集中して、その後にDMで成約させる」という考え方だ。インターネットではホームページが「広告」。メールマガジンが「DM」とみなしているわけである。

この考え方は一昔前のインターネットには有効だった。お客は購買行動を起こすのに必要な情報があまりにも不足していたからだ。ご機嫌伺いに日参する営業マンのように、メールで何回もコンタクトを取って不安を取り除いてあげないと購入してくれなかったわけである。

しかし、最近ではお客は自分で勝手にどんどん情報を収集して、自ら購買行動を起こすようになってしまった。だからわざわざ無料メルマガに登録なんかしなくなってしまったし、案内メールの反応率もどんどん下がる一方である。要するに「まずは無料メルマガに登録させてからだんだんと成約させる手法」は、とっくの昔に衰退しているのだ。

例えば、私の五歳年下の妻は、家にいるときはパソコンの前に座りっぱなしというくらいの超ネット大好き人間だ。しかし、無料メールマガジンはただのひとつも登録していない。

不思議に思った私はその理由を尋ねてみた。

「だって検索すれば、わからないことも全部書いてあるもの」

さも当然、とばかりにこう答えた。

この言葉にすべては集約されている。

おわかりになるだろうか?

メールマガジンが衰退した理由は、「検索エンジンが高度化」したからなのである。

むずかしい話じゃない。ヤフーやGoogleで自分が欲しい情報は何でも手に入るようになったから、わざわざメールマガジンを読む必要なんてなくなってしまった。非常に単純な話だ。

現在のネットユーザーはこんな行動をする。

テレビでαリポ酸が身体にいいらしい、という情報をキャッチする。するとネットの健康食品店に行って、「αリポ酸は、ダイエットに効くのでしょうか?」などと質問メールを送るような真似は決してしない。

「αリポ酸　ダイエット」とGoogleで検索する。すると、誰かが試した効果をブログに書いている。詳しい情報を載せているお役立ち情報サイトがある。それで情報は事足りてしまう。だから、お客が健康食品のサイトにαリポ酸を買いにやってくるときには、お客はαリポ酸についての情報はすべて押さえている、ということだ。

あるいは、あなたが独立コンサルタントでセミナーCDを販売しているとしよう。あなたのホームページにたどりついたお客はメルマガ登録などしない。Googleであなたの名前や会社名を入力して検索してみる。すると、あなたがどんな人で過去にどんなことをやっていて、どんな評判が立っているのかが、すべて検索結果に出てきてしまう。お客は情報を十分に収集して購買判断を一瞬ですることができてしまうのである。

メルマガで見込み客を集めてから情報発信をして成約させる、という考え方には、「お客はホームページに訪れた瞬間は、購入するにはほど遠い見込み客ばっかりである」という誤った思い込みがある。

マーケティング上、成約までのステップを二段階にする必要があるのは、「お客に情報が少ない場合」「お客の警戒心が強い場合」「不特定多数でフィルタをかけなければいけない場合」だ。

検索エンジンが進化した情報化社会では、あなたがお客に情報を与える必要はまったくない。お客が勝手に情報収集してあなたの商品・サービスの価値を判断してしまう。

もはやそういう時代なのである。

「今のまま無料メルマガの登録者を増やす手法を続けていても、顧客獲得コストは二万円を超えてしまう。経営者として労力を割く仕事に値しないので、メールマガジンによる販促は購入してくれた人だけに行ってください」という主旨を伝えて電話を切った。

すでに古くなったセオリーに感化されて行動してしまう人は残念ながら本当に多い。電話をくれたクライアントも、自分の考えを変えるのには時間がかかるだろう。すぐには私が話したことも理解はしてくれないにちがいない。でもしかたがない。誰かが本当のことを言わなきゃ世の中は何も変わらないじゃないか。

自分の好きなことをやれば成功するというとんでもない幻想

またしても、電話が鳴った。

クライアントから、ビジネスの相談だ。それはわかっている。

そして、クライアントに「楽しくない話」をしなければならないことも。

「滝井さん、私は〝インテリア雑貨〟をインターネットで販売したいんです」

……またその話ですか、と私は再度ため息をつく。

インターネットで起業したいと考えているクライアントの相談のうち、五件に一件くらいの確率で「インテリア雑貨」販売の話が私にくるのだが、これほど私がゲンナリする言葉もない。はっきりいって、少ない資金で「雑貨」をインターネット販売するのは自殺行為である。六ヶ月以内に安定的に黒字化させることはほぼ不可能だ。

雑貨販売の相談がくると、私はいつもこう答える。

「少なくとも一年間の赤字と五〇〇万円の資金を失う覚悟が必要です」と。

「週末に副業して好きなことを仕事にしよう」とか、「自分の好きなことならきっと成功する」という情報を真に受けて、チャレンジをする気になった人が最近、多いらしい。しかし、なぜかそのビジネス方向は「こだわりの雑貨店」に向かってしまうようなのである。週末起業の発想から「有害廃棄物の回収専門業でネット起業したい」というような人が現れることはまずない。

競争者は掃いて捨てるほどたくさんいる。告知の手段は限られる。粗利額がきわめて低い。これでどうやって少ない資金でビジネスを軌道に乗せろ、というのか？

単純に、「マニアックなものを売る」「オンリーワンを目指す」といった話ではない。ビジネスを開始するには、「新規顧客を一人獲得する広告コスト」という観点が死ぬほど重要なのである。くどいようだが、ネットビジネスは通販である。

通販で新規にお客を獲得しようと思ったら、一人お客を獲得するのには、何をどうやってもだいたい五〇〇〇～三万円くらいの広告費がかかるのである。

売るものによってこの数値は変化するけれども、三〇〇〇円の子供服を売るのに「三〇〇〇円」

でお客が獲得できることはほぼありえない。残念ながらどんなにうまくマーケティングをしても五〇〇〇円くらいはかかってしまう。反対に三〇〇万円もする中古車のお客だからといって顧客獲得コストは一〇万円になるか、といったらまずならない。

だいたい、同じように五〇〇〇～三万円くらいの間におさまる。通信販売というのはそういう世界なのだが、この事実を知る人は、世の中にほとんど存在しない。

単純な話だから、ちょっと考えてほしい。

インテリア雑貨の単価が一〇〇〇円、二〇〇〇円だとすれば、新規顧客を獲得している間はずっと赤字を垂れ流さなければならない。既存のお客さんが繰り返し買ってくれるとしても、利益が出はじめるまで、半年、一年の間ずっと辛抱し続けなければいけないのである。

反対に、一回当たりの利益額が非常に多い仕事が、世の中にはたくさんある。例えばリフォームという仕事は新規顧客から得られる利益額が何十万円、何百万円にもなる。こういう仕事は資金がなくても、すぐに利益が上がる。仕入れも在庫管理も必要ない。資金が枯渇するリスクはとても低いのである。

一般に、誰でも買えるような価格が数千円の商品ほど、起業や新規事業はむずかしくなる。一方で「誰がこんなもんにお金を出すんだ？」と不思議になるような商売ほど、新規参入は簡単である。

こんな単純な事実を知らない人が、無責任に「週末に副業で起業しよう」「自分の好きなことを

▶雑貨の販売で、短期に黒字化するのは不可能

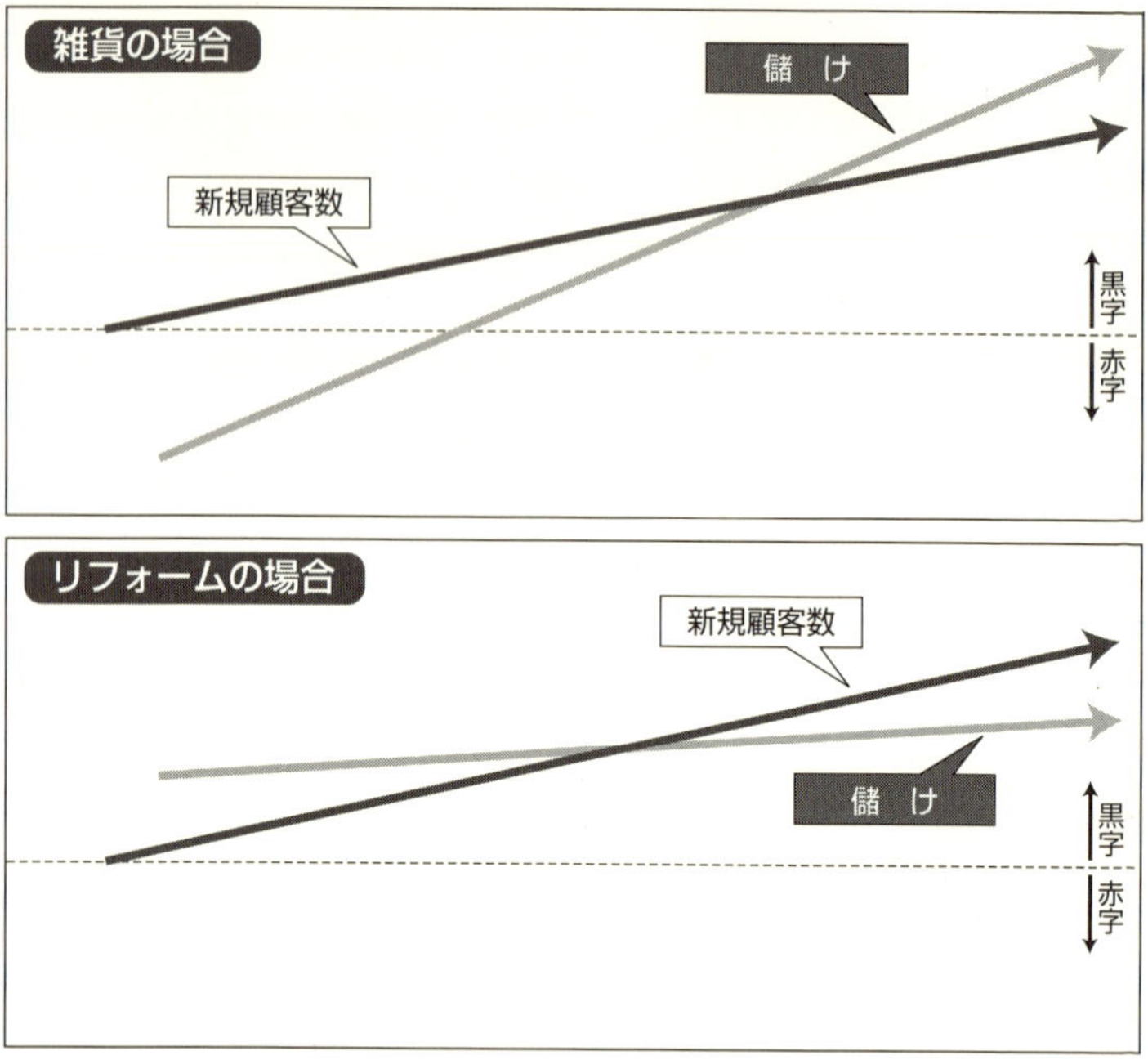
雑貨の場合
儲け
新規顧客数
黒字
赤字
リフォームの場合
新規顧客数
儲け
黒字
赤字

[リフォームなら、短期で収益を上げることも可能。ただし、既存顧客からのリピートや紹介は起きにくいので、新規顧客を獲得し続けなければならない]

ビジネスにしよう」などとはやし立て、起業したい人から何万円も勉強代をふんだくっているのだから、本当に驚いてしまう。

勘違いしてほしくないが、私は「雑貨販売の新規事業をやるな」と言っているのではない。「雑貨販売のような通販ビジネスは、お客の繰り返し購入によって初めて利益が出るのだから、新規顧客が一〇〇〇人、二〇〇〇人にならなければネット通販では利益は出ないことを知るべきだ」と言っているのである。

実際、三〇〇〇人でも「雑

貨をインターネットの通販で購入する人」の顧客リストがあれば、赤字知らずでビジネスを開始できる可能性は非常に高い。

ただし、三〇〇〇人×顧客獲得単価五〇〇〇円と仮定して、少なくとも一五〇〇万円の広告費を突っ込むだけの資金と時間の余裕があれば、という条件付きである。

私は、クライアントに対して「小資本で雑貨通販に参入しないように」ということを繰り返し伝え、電話を切った。このクライアントは、失望を感じて話を聞いていただろう。しばらくたったのち、だまされた怒りを私にぶつけて、クライアント契約を返金請求してくるかもしれない。そうなったらしかたがない。「だめなものはだめ」と誰かが言わなければならないのである。誰もその役目を負えないのであれば、私がやるしかないじゃないか。

アフィリエイトの罠にはまる人たち

しばらくして、また電話が鳴る。

これもクライアントからの相談だろう。

いやな予感を感じながら、電話を取る。

「いやー私、アフィリエイトで生計を立てたいんですけど。まずSEO(検索エンジン最適化)からやればいいんでしょうか?」

……はぁあ、またきたか、と私はまたもため息をつく。

「アフィリエイトで小遣い稼ぎ！」「何もしないで副収入が流れ込む！」というタイトルをあちこちで目にする。私のクライアントでも「アフィリエイトで生計を立てたい」という人が、必ず一〇人に一人はやってくる。

ここで私はまた、ゲンナリしてしまう（ほとんど吐き気といってもよい）。

もしあなたがアフィリエイトをはじめていなくて、興味を持っているだけの幸運な状態だったら、たった一つの質問を、一〇秒でいいから考えてほしい。

「アフィリエイトで購入してもらえる〝確率〟を知っていますか？」

おそらくほとんどの人は、この単純な事実を知らないだろう。

私はアフィリエイトの実情を知るため、実験的に「広告主」としてアフィリエイターに私の商材を販売してもらっている。ちなみに、私のサイトはコンバージョン率がとても高い、「お得な」ホームページである。

それでも、その販売される確率は、実にたったの一万分の一だ。

もしもあなたがアフィリエイトサイトで一〇〇万円以上の収入を得たいと考えるのならば、基本的に一〇〇万以上のページビューが必要だ。月商一〇〇〇万円を超える私のサイトですら、ページビューは二〇万程度である。これがどれだけ大変なことか、よくわかるだろう。これを一体どうやって実現するのか？

方法は一つしかない。

検索エンジンに上位表示させることだ。キーワード広告を出すか、SEO（検索エンジン最適化）で検索結果上位に持ってくるか。

結局、アフィリエイトというのは、「課金システム」の名称にすぎない。アフィリエイト自体が富をもたらしてくれるわけではないから、どこかで集客をはからなきゃいけない。そして、アフィリエイトで儲けている人たちのほとんどは、「検索エンジンのキーワード検索結果」に告知をすることでページビューを集めているのが現状だ。

そう、結局は「どの検索キーワード市場に参入するか」という問題が鍵を握るのである。

しかし、こういった話はほとんどアフィリエイトの本などには書いていない。

実は、あまり知られていないが、広告主には常識とされているある恐ろしい事実がある。

それは、「アフィリエイターこそが、アフィリエイトで購入する」ということだ。

アフィリエイトをやったことのある人なら、おそらくこんな経験を持っているはずである。

「どんな商材を選ぼうかな〜？」と考えているうちに、面白い商品を見つけた。なんと「一ヶ月で一〇〇万円を儲けたメルマガの秘訣」という情報商材らしい。ちょっと見てみたいな……あれ？　待てよ？　商品単価二万円で、アフィリエイト手数料五〇〇〇円ということは、アフィリエイターの自分がこの商品を購入すれば、普通の人より二五％引きで購入できるってことじゃないか！　んじゃあ買っちゃおう！

わかりますよね？

みなさんは深夜眠い目をこすり、「アフィリエイトによる不労所得」を夢みながら、一生懸命面倒くさいタグの貼り付け作業をやることで、「商品の宣伝」を知らず知らずのうちにやらされている、ということ。アフィリエイトをする人たちは、広告主から見たらひとつのマーケットなのである。だからアフィリエイトの現実が語られることはほとんどない。

また、ひどい商品だと二万円の商品で、手数料が一万五〇〇〇円なんていうアフィリエイトがある。こういう商材を扱う人たちは一〇〇万ページビューなど必要ない。SEO（検索エンジン最適化）を駆使すればアフィリエイトだけで数百万円の稼ぎもちっともむずかしくはない。しかし、「アフィリエイト」という言葉に包まれているが、これは実質、ネットワークビジネスである。

商品の良さなど一切関係ない。最初から手数料目当てだから、友人・知人をだましてでも商品をいいように紹介する。ときには自分に嘘をついて。

「たとえ誇りを失っても、不労所得を月収一〇〇万円上げられるなら、俺は悪魔にだって魂を売る！」

という見上げた根性の人がいるかもしれない。いや、気持ちはわかる。不労所得、セミリタイヤなどの言葉には魔力が宿っているから。しかし、これだけは忘れないでほしい。

アフィリエイトの最大の問題点は、顧客リストがつくれないことだ。

何度でも言うが、ビジネスにおいて最大の資産は「顧客リスト」である。

考えてみてほしい。

一家を養うあなたが、月収五〇万円をアフィリエイトでコンスタントに上げられるようになったとしよう。月収一〇〇万円を稼ぐ月もある。さて、ある日超凶悪なコンピュータウイルスが、日本のパソコンすべてを覆い尽くしたとしたら。あなたは、明日からどうやって生きていくつもりだろうか？

例えば、私が前述のような事態に陥ったら、四〇〇〇近くある顧客リストに、ダイレクトメールを郵送で送る。内容は、「インターネットがなくてもビジネスができる方法セミナー開催。二万円。五〇名様限定」。これで瞬時に一〇〇万円の売上をつくることが可能だ。

顧客リストがつくれないのは、一部のショッピングモールなども同じで、こんな危険な通販ビジネスは存在しない、といっても過言ではない。命綱なしでエベレストの頂上を目指すようなものである。

はっきりいえば、アフィリエイトで月収五〇万円を稼ぐよりも、実業で一〇〇万円稼ぐほうがはるかに簡単である。せっかくお客さんを集める能力を持っている人たちが、なぜこんなもったいないことをしているのか、私は不思議でしょうがない。

一見、実業は自分であくせく動かなければいけない、アフィリエイトは不労所得だから利益が少なくてもいいと思われるかもしれない。しかし、不眠不休でお客を集める仕組みをつくっていながら、ビジネスの最大の資産である顧客リストを企業に無料で献上してしまっているこ

と に、多くの人はまったく気づいていないのである。

私は電話をしてきたクライアントに「アフィリエイトで月間一万円以上稼いでいる人は、アフィリエイター全体のわずか数％です。不労所得を得ることを目的にしてアフィリエイトを開始しても、広告主やアフィリエイト会社の思う壺ですよ」と繰り返し伝え、受話器を置いた。

このクライアントも、私に対して反感を持ち、私のもとを離れていくだろう。「そんなはずはない」と誰かの助けを新たに求めにいくにちがいない。

それでもいいさ。しかたがないじゃないか。じゃあ、誰が本当のことを言ってあげられるのだろうか？

もう今日は仕事を終わりにしようと、私はコートに手をかけた。

その瞬間、また電話が鳴った。

私は振り返り、おそるおそる受話器を上げる。

「滝井さん、実は、地震ってキーワードがたくさん検索されていますね。しかも競合はほとんどいません。地震対策グッズを販売しようと思うんですが……」

私はこぼれそうになる笑みを一生懸命抑えて、こう伝えた。

「待っていましたよ。あなたのような方からの電話を」

こんな電話は、一〇〇本のうち一本くらいなものである。

KEYWORD MARKETING

第2章

売れる検索キーワードの方程式

なぜ検索キーワード数が重要だといえるのか？

あなたは、こう考えているかもしれない。

「検索エンジンと検索キーワードが重要だということはなんとなく知っているよ。しかし……どんだけ効果があるのかわからないじゃないか。バカみたいにクリックされてお金がなくなったあげく、さっぱり売れなかったらどうすんだよ」

確かにその気持ち、わからないでもない。

キーワード広告はクリックごとに費用が発生するから前もって月額の広告費はわからない。SEO（検索エンジン最適化）にしたって何百万円もかかる。不安になるのも当然だ。

しかし、心配はまったく無用である。

なぜなら、お客が**検索結果でクリックする確率と、そこからホームページで購入する確率は、ほとんど決まっている**からだ。

死ぬほど大事なポイントだから、もう一度言おう。

検索結果でクリックされる確率と、そこからホームページで購入される確率は、ほとんど決まっている。嘘じゃあない。本当の話だ。

じゃあ、これが一体どういう意味をもたらすのか？

説明しよう。

私たち商人が一番知りたいのは、要するに「どれだけコストをかければ、どれだけ儲かるのか」である。もしこれが事前に予測できるのなら、商売のリスクはまったくないことになる。

どうすればわかるのか？　これはお客さんが行動するパターンを細分化してその確率を出せばいい。

キーワードの検索結果で告知をして、購入してもらう場合は、図のような3ステップになる。

この3ステップはどんな商売でも、どんな検索エンジンでも、どんなキーワードでも同じである。例外はない。

Step1、「検索エンジンでどれだけキーワードが検索されるか」という大もとの数値

▶購入までの3ステップ

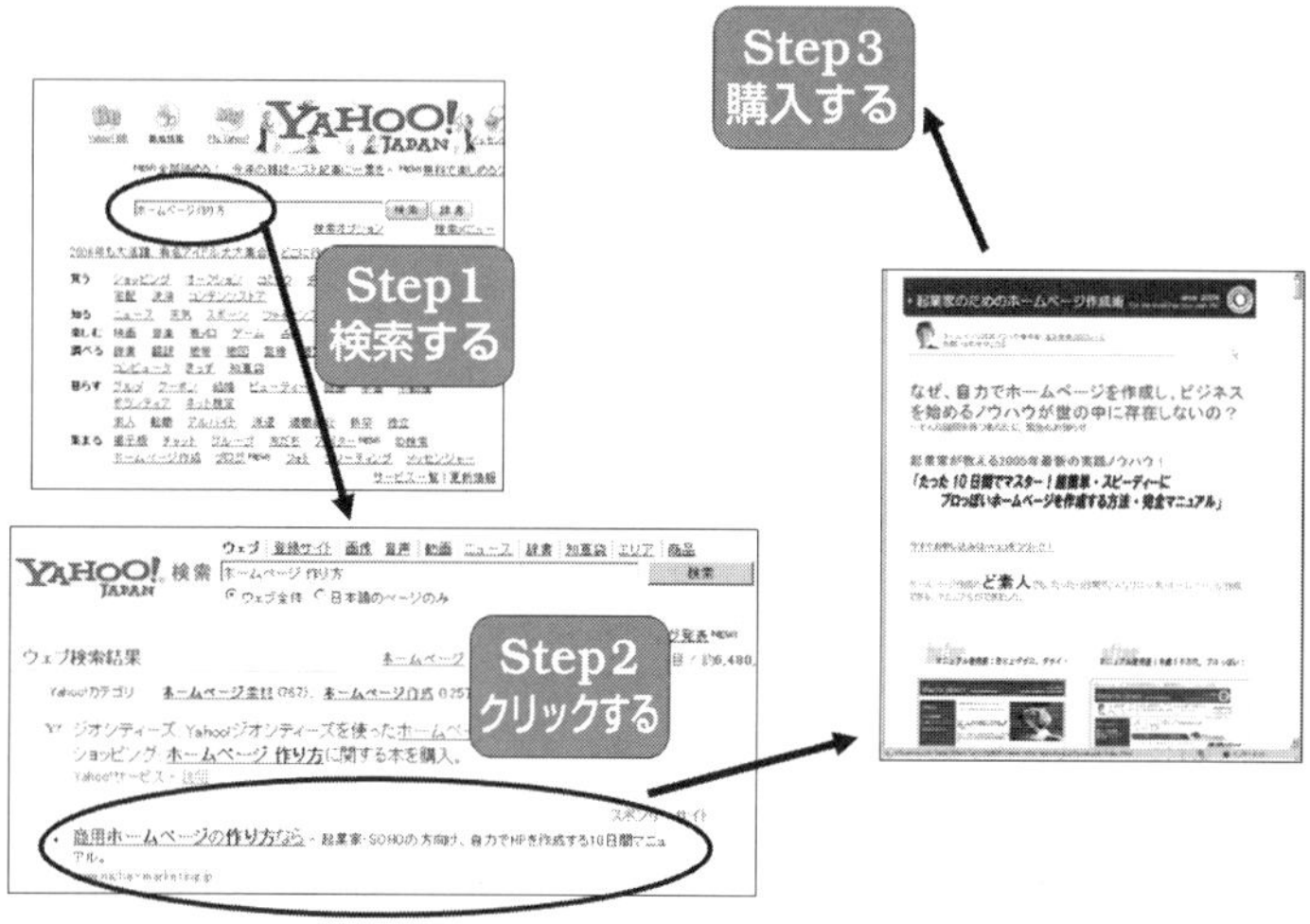

Yahoo! JAPAN検索画面より（www.yahoo.co.jp）

クリック率とコンバージョン率

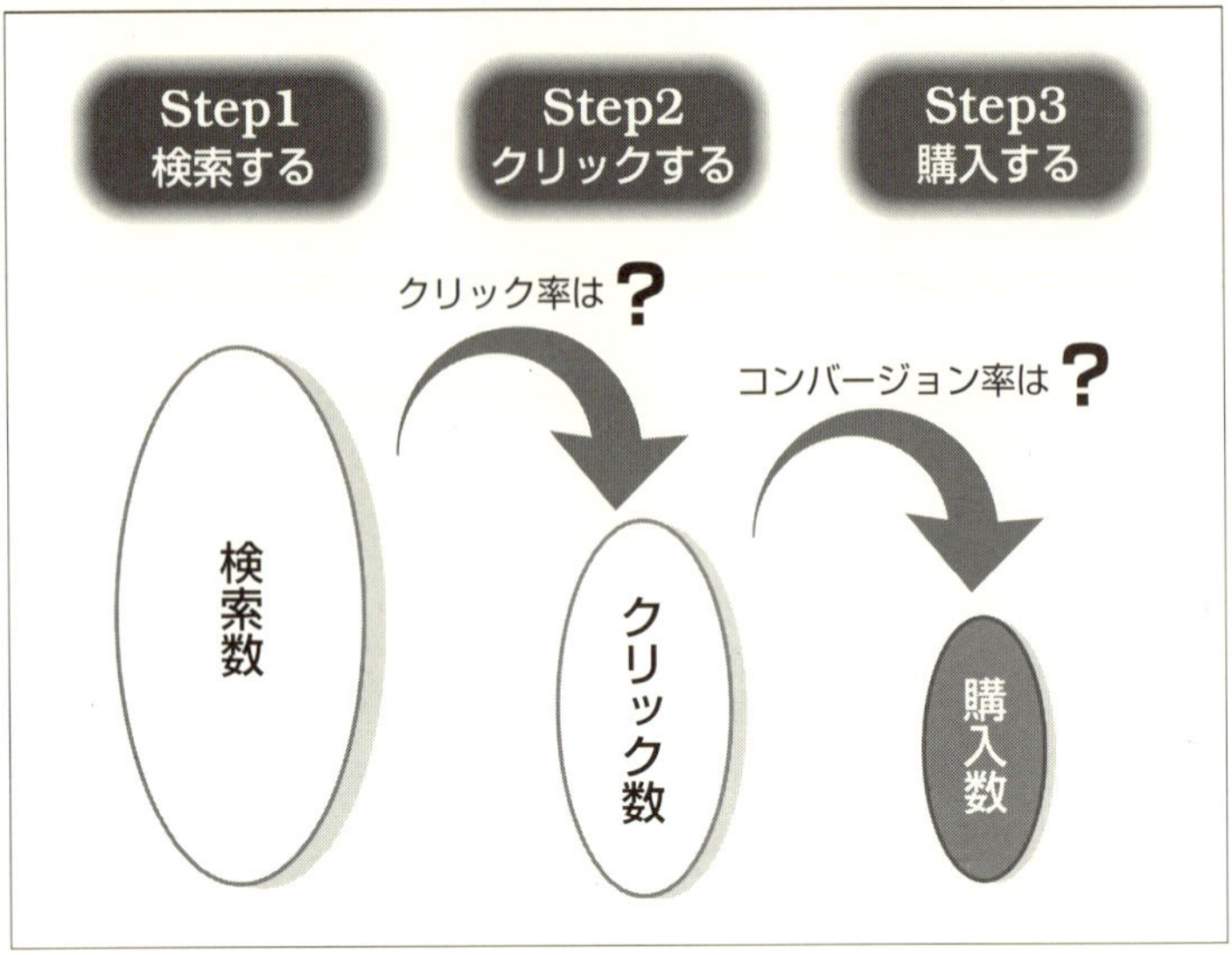
Step1
検索する
Step2
クリックする
Step3
購入する
クリック率は？
コンバージョン率は？
検索数
クリック数
購入数

は、「キーワードアドバイスツール」によってインターネット上に公表されている。

だとすれば……。

Step2の「クリックする」確率と、Step3のホームページで「購入する」確率がわかれば、最終的に「キーワードの検索数」を見ただけで、商品・サービスがどれだけ売れるかがわかることになる。

もちろん、「クリックする」確率からクリック数がわかるのだから、広告費がいくらかかるかもわかる。だから、最終的にどれだけ利益が残るかもわかる。

一体その確率はどれくらいなのか？　その答えを明らかにする前に、誤解のないように順を追って説明しよう。

※ホームページにアクセスした見込み客が、「購入する」または「資料請求する」などの「アクション

を起こした」確率を、コンバージョン（転換）率という。アクセスするだけの傍観者状態から、何らかの「アクション」をする人に変わることから、名づけられている。初めてこの言葉を聞く読者は、ネットビジネスの鍵を握るきわめて大事な考え方なので、この言葉だけは覚えてほしい。

お客が反応する確率には法則性がある

私がペットの仲介ビジネスで独立開業をしかけていた頃のことだ。

ちょうど、Googleアドワーズとオーバーチュアのヤフー掲載が開始された時期だった。

実は、私はその頃インターネットビジネスには全然期待を持っていなかった。広告代理業務の経験から、インターネットのバナー広告やオプトインメール広告が異様なくらい反応率が悪く、何をどうやったって広告費は回収できないことがよくわかっていたからだ。広告反応率を調べるためのテストマーケティングを、わざわざ地元のミニコミ誌でやっていたくらいである。

そんなおり、関係者から「どうもキーワード検索結果に告知をするGoogleアドワーズが反応いいらしい」という話を聞きつけた。そこでホームページを一生懸命自力作成して、残り少ない貯金の中から二〇万円をキーワード広告にドンと投資してみた。強気一本やりで、すべて一位入札である。別にネットビジネスに生涯を捧げるつもりはまったくない。一ヶ月やって広告費をペイできる見込みがなければ、さっさとネットビジネスから撤退し、紙媒体で全国に勝負を賭けるつもりだったのである。

しかし、結果的には、この一ヶ月が私の人生を激変させた。

開業したての、お世辞にもきれいとはいえない素人くさいホームページに、毎日問い合わせメールがひっきりなしに届く。営業べたの私の電話トークで、一度もお客に会うことなく三〇万円の高額商品があっさりと成約できた。ネットビジネスに参入してたった三日後の出来事だった。

結局、独立開業月から二〇万円の広告投資で、二〇〇万円の売上、三五％の粗利を獲得。いきなりの大きな黒字。ちょっと信じがたい結果となった。

「こんなにビジネスが簡単でいいのだろうか？」と小躍りしていたのをよく覚えている。

しかし、私は「超」がつく慎重派。石橋を叩きまくって壊れてしまったらあきらめるぜ、というくらいリスクには敏感な臆病者なのだ。この結果は自分の実力ではなく、何か他の要因があるにちがいないと考え、その後一年にわたってあらゆる角度から分析したのである。

その結果、二つの仮説が立てられた。

第一の仮説。ダサいホームページでも簡単に成約するのは、「ヤフーやGoogleの検索結果に一位表示されている」という「信用」が効いているのではないかという点である。

あまり知られていないが、広告の反応率は、「広告媒体の信用度」によって明確に変化する。MBAの教科書を見ても、一切こんなことは書かれていないが、非常に重要なポイントだ。

ポスティングで入ってくるわら半紙のチラシよりも、朝日新聞の一面広告のほうが反応率は

Top Sites Japanese
Browse the most popular sites on the web. Learn more.
1.
Yahoo! Japan
Japanese version of popular portal site.
www.yahoo.co.jp - Site info
2.
Google 日本
多言語対応サーチエンジンの日本版。ウェブ、イメージおよびニュース検索
www.google.co.jp - Site info

[Alexaが発表する日本のサイトランキングでは、ヤフーが1位、Googleが2位。この順位はここ数年まったく変化していない。誰もがアクセスする人気のサイトは、媒体としての信用力がある]

高い（広告費用対効果は別にして）。この感覚は誰でもわかるだろう。でも、そもそもどうして反応率に差が出るのか？

考えてみれば当たり前なのだが、私たちは誰がつくったかわからない手づくりチラシを信用しない。どんなあくどいヤクザが作成したチラシでも、ポスティングは可能だからである。一方で、朝日新聞の広告だったらどうか。広告を載せるにはそれなりのプロセスがあることは、誰にでも容易に想像がつくだろう。もしも朝日新聞の広告経由で購入した健康茶から死人が出たとしたら、広告媒体にもそれなりの責任が問われる。だから、「朝日新聞に掲載されている広告だったら大丈夫だろう」という心理は、重要な購買行動への影響を及ぼすわけである。

インターネットの世界でも、まったくロジックは同じだ。

ヤフーやGoogleは誰もが知っているインターネッ

ト界の最大ブランドで、一番信用がある。その検索エンジンの検索結果の一番上に表示されているのだ。「人気のあるサイトにちがいない」と消費者が考えるのは当然である（現実にはお金を投資して、表示順位を購入しているだけなのだが）。

この「思い込み」心理が、広告の反応率にストレートに影響を及ぼしていたのではないか、と仮説を立てたわけだ。

そして、第二に立てた仮説。それは、キーワードによってクリック率、コンバージョン（成約）率は当然変化するのだが、その確率は**ある一定の範囲に必ずおさまる**のではないか、という点。事業を行いながらさまざまなキーワードで検証したが、とにかくヤフーに一位表示していれば、どんなキーワードでもクリック率は二〜二〇％で、コンバージョン（成約）率は〇・一〜二％となったのだ。

これは、私のサイトが優れていたからこうなったわけではない。当時、私は同業のペットビジネスの経営者に対して、自分で事業をやるかたわらマーケティングのコンサルティングも行っていた。そして、私が検証したものと同じキーワードで、まったく違うホームページが一位表示をするとどうなるか数値を確認させてもらっていたのである。一ヶ月検証したが、ほとんど数値は変わらなかった。もちろん、サイトの出来の善し悪し、商品の違いによって反応率は上下する。しかし、必ず「ある一定の範囲」におさまるのである。

その数字を公表しよう。

こうして購入数が決まる①

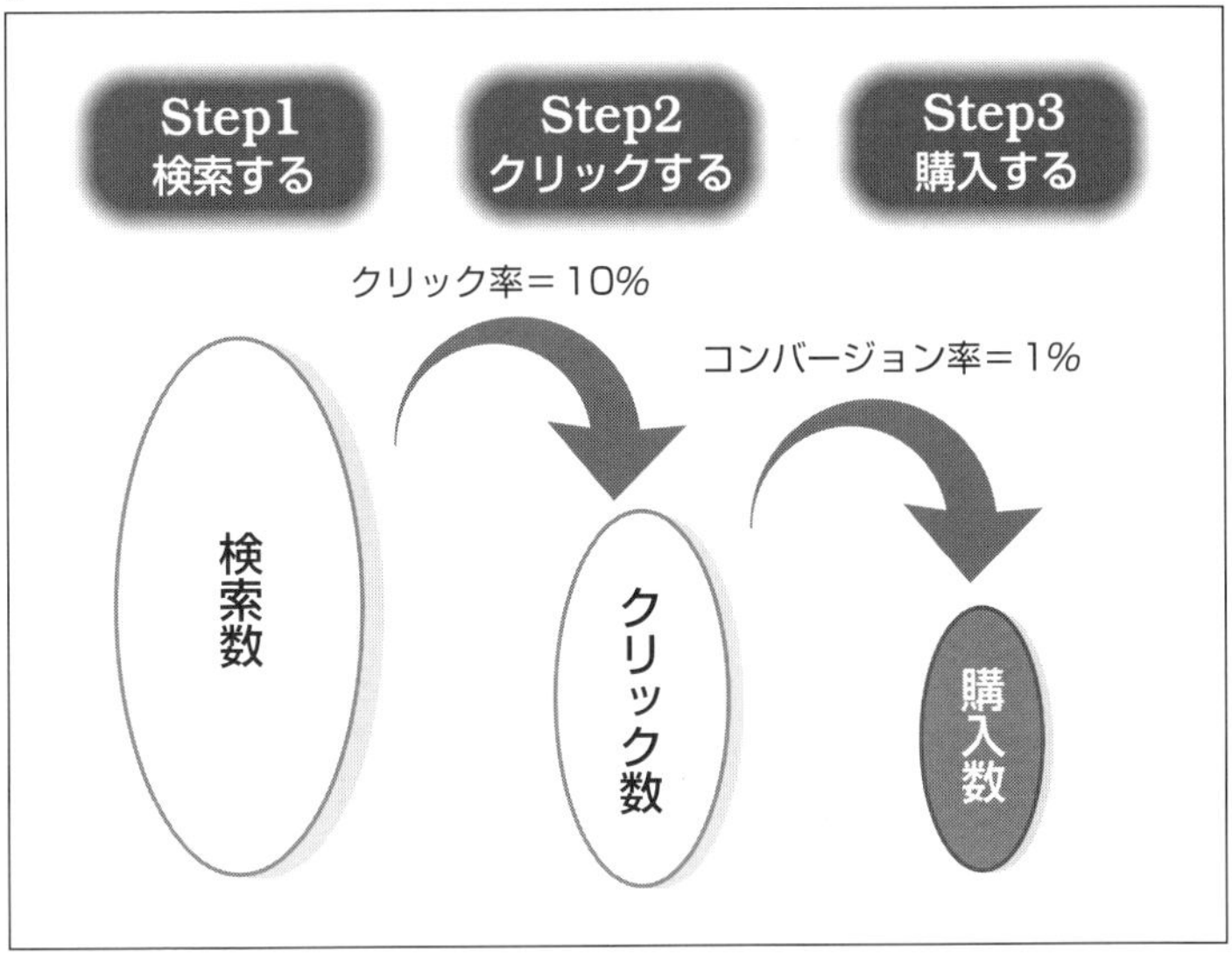
Step1
検索する
Step2
クリックする
Step3
購入する
クリック率＝10％
コンバージョン率＝1％
検索数
クリック数
購入数

「キーワード検索結果に一位表示していればクリック率は一〇％前後、コンバージョン（成約）率は一％前後」となる。

ここでいうコンバージョン（成約）率一％とは「新規顧客を獲得する確率」である。既存客が繰り返し購入する場合は当然、反応率は高くなる。

つまり、検索数×一〇〇〇分の一が、お客さんの反応が得られる数。

「チワワ　ブリーダー」というキーワードが二万件の検索数だったら、二〇件の問い合わせが得られる、という具合である。

そしてこの仮説を一年にわたり検証した私は、あることに気がついた。

「もしもキーワードの検索結果から得られる反応率が同じならば、検索数があるのに広告を出していないキーワードは、ものす

こうして購入数が決まる②

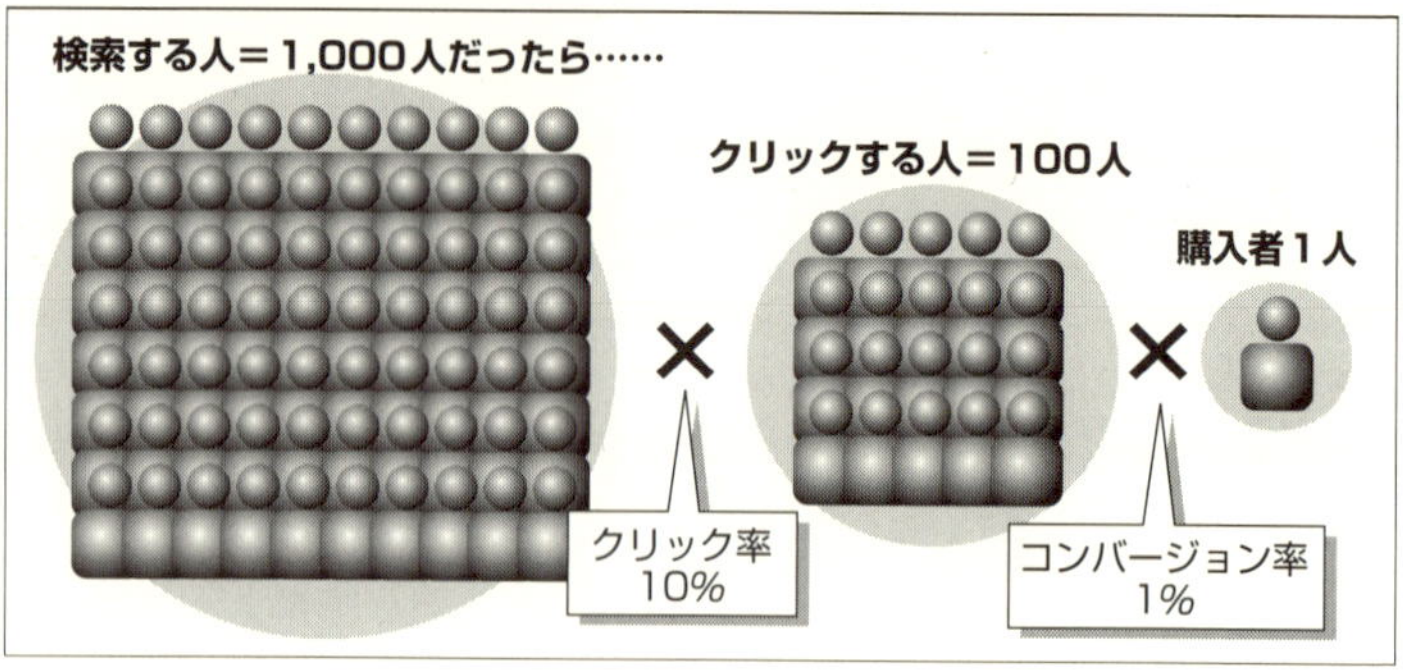
検索する人＝1,000人だったら……
×
クリック率
10%
クリックする人＝100人
×
コンバージョン率
1%
購入者1人

ごく低いコストでたくさんのお客を集めることができる。それならばいっそ、**キーワード需要があって競争の少ない市場から新規事業を起こしてしまえばいい**のではないか？」

と考えたのである。

この法則性が他のキーワードにもあてはまるのなら、未来が透けて見えているのと同じ。リスクがまったくない状態でビジネスを成功に導くことができる。私はこの考えに夢中になり、居ても立ってもいられなくなってしまった。キーワードアドバイスツールでキーワードの競合状態を調べていくうちに、「言葉の需要」が宝の山に見えてしかたがなかったのである。

独立開業一年後、私はペットビジネスをバイアウト（事業売却）した。すでにライバルサイトが増えて競争が激化していたのにもかかわらず、右肩上がりで順調に売上が伸び、月額一〇〇万円以上のキャッシュを生んでいたピカピカの営業権である（売却先は喜んで買収してくれた）。

売却益のキャッシュを元手にして、まったく違うキーワードでビジネスを開始する。自分の立てた仮説が本当に合っているかどうか確かめるための決断だった。

仮説が確信に変わった瞬間

私が目をつけたのは、「ホームページ作り方」というキーワードだった。

このキーワードを検索する人は、おそらく「ホームページを自力で作成しようとしているが、方法がわからない」という問題を抱えているようだ。だったら、自分でホームページを作成してビジネスを成功させた私の経験を、教育教材にして販売したら売れるんじゃないかと考えたわけだ。検索数にして三万三〇〇〇。当時のクリック単価は三五円。かなり割安な買い物といえる。

ほかにも、「M&A」「広告」「マーケティング」などの候補キーワードはあったが、検索数が少ない、クリック単価が二〇〇円にもなっている、などの理由で候補から落とした。

そして、大急ぎで商材を作成して、実際にキーワード広告を出し、テストマーケティングを実行。本当にクリック率が一〇%、コンバージョン(成約)率が一%になるか、を実証してみたかったのである。

結果は、信じられないほどに数値は仮説に合致した。テストマーケティングの実施後、反応

キーワード	検索数	1位クリック単価	クリック率	クリック数	広告費	成約率	成約数	対広告最低単価	想定粗利単価	売上	利益（売上－広告費）
通販	161,672	¥42	10%	16,167	¥679,022	1.0%	162	¥4,200	¥20,000	¥3,233,440	¥2,554,418
ホームページ作成	86,129	¥220	10%	8,613	¥1,894,838	1.0%	86	¥22,000	¥20,000	¥1,722,580	¥-172,258
SOHO	41,948	¥44	10%	4,195	¥184,576	1.0%	42	¥4,400	¥20,000	¥838,980	¥654,404
ホームページ作り方	**33,072**	**¥35**	**10%**	**3,307**	**¥115,752**	**1.0%**	**33**	**¥3,500**	**¥20,000**	**¥661,440**	**¥545,688**
HP作成	28,850	¥46	10%	2,885	¥132,710	1.0%	29	¥4,600	¥20,000	¥577,000	¥444,290
広告	28,660	¥35	10%	2,866	¥100,310	1.0%	29	¥3,500	¥20,000	¥573,200	¥472,890
フランチャイズ	24,394	¥216	10%	2,439	¥526,910	1.0%	24	¥21,600	¥20,000	¥487,880	¥-39,030
web	23,953	¥37	10%	2,395	¥88,626	1.0%	24	¥3,700	¥20,000	¥479,060	¥390,434
マーケティング	14,136	¥45	10%	1,414	¥63,612	1.0%	14	¥4,500	¥20,000	¥282,720	¥219,108
SEO	12,823	¥200	10%	1,282	¥256,460	1.0%	13	¥20,000	¥20,000	¥256,460	¥0
アフィリエイト	11,477	¥36	10%	1,148	¥41,317	1.0%	11	¥3,600	¥20,000	¥229,540	¥188,223
M&A	11,199	¥36	10%	1,120	¥40,316	1.0%	11	¥3,600	¥20,000	¥223,980	¥183,664
webデザイン	9,884	¥69	10%	988	¥68,200	1.0%	10	¥6,900	¥20,000	¥197,680	¥129,480
コンサルティング	9,483	¥55	10%	948	¥52,157	1.0%	9	¥5,500	¥20,000	¥189,660	¥137,504

[現在の事業を開始する直前につくっていたシミュレーション表。検索数にクリック率、コンバージョン（成約）率をあてはめれば、売れる個数、最終的な利益まで予測ができる（検索数、1位入札単価は、当時キーワードアドバイスツールで公表されていた事実の数字。クリック率、成約率はシミュレーション上の仮説数字）]

率を計算すると見事にクリック率一二％、コンバージョン（成約）率一・〇三％という結果になったのである！

高額なペットを仲介するビジネスと、ホームページ作成の教材というまったく違う商材であっても、お客が反応する確率はほとんど変わらなかったわけだ。興奮してその日の夜はなかなか寝つけなかったことを、私は昨日のことのようによく覚えている。

その後の展開は一体どうなったか？

出稿するキーワードの数を一〇〇近くにまで拡大し、大企業がひしめくビッグキーワード市場にも喧嘩を売りにいき、この単品教育教材は、約一年で三五〇〇本を販売した。売上にして約八〇〇〇万円である。この間、粗利額で広告費がペイできなかったことは一度もない。そして、この顧客リストをもとに事業を拡大し、年商一億二〇〇〇万円を超えるレベルにまで成長することができた。

もちろん、最初からこんなに拡大して売れるとは自分自身、全然思ってもいなかった。数あるキーワード市場の中から「需

▶シミュレーションの実証

シミュレーションが正しいか実証してみる

Yahoo! JAPAN 検索画面より
（www.yahoo.co.jp）

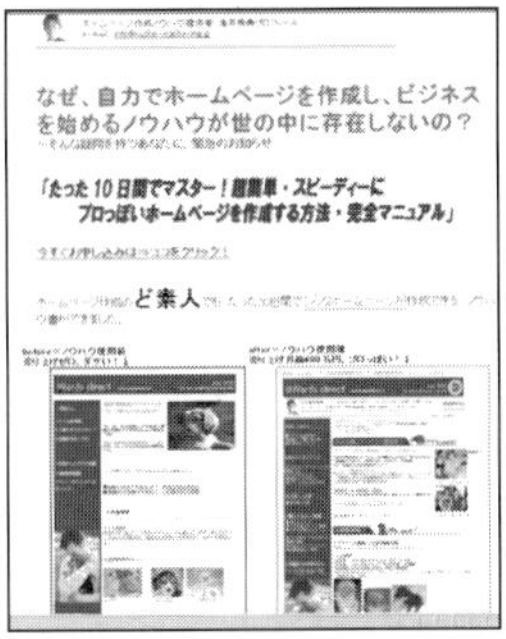

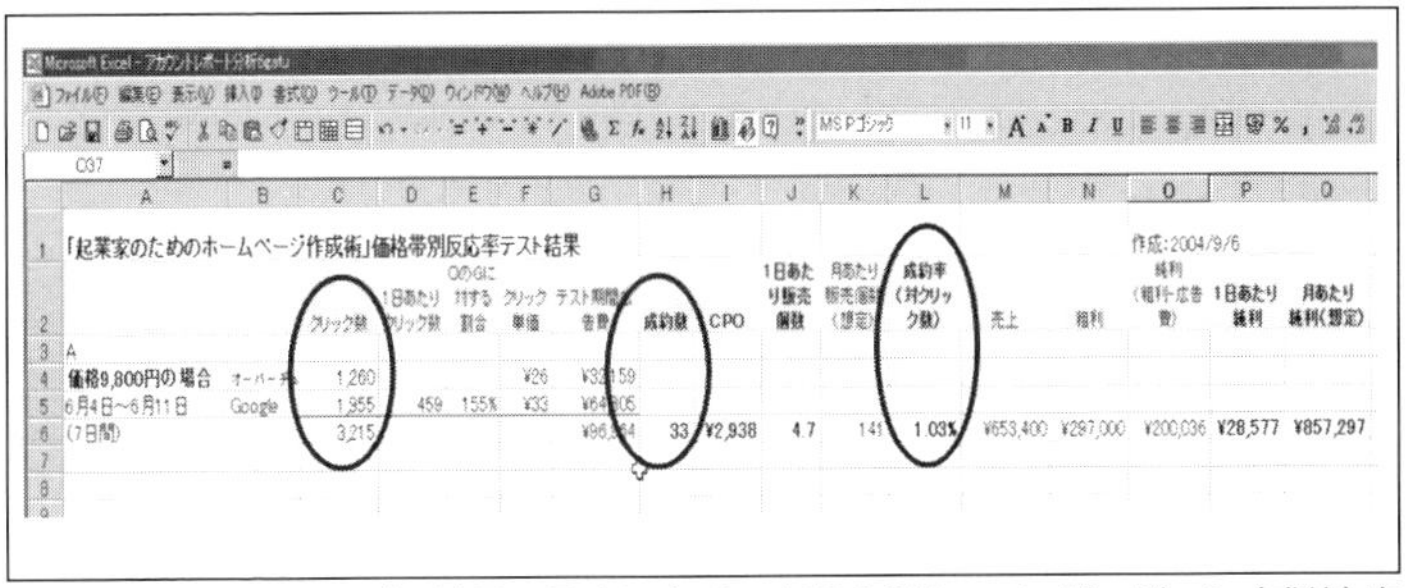

[テストマーケティングの結果。見事にクリック率12%、コンバージョン（成約）率1.03%という結果になった]

要があり競争の少ない言葉」を選び、テストマーケティングが成功した。

さらにどこまで顧客獲得コストが赤字になるのかを確認するためにどんどんキーワード数を増やしてみたら、いつまでも売れ続けてしまった、というのが正直な感想だ。

すべては、たった一つのキーワードを発見したことからはじまった。一度創造された「言葉の市場」は、その規模を拡大することが可能なのである。

確信はやがて科学へ

二つの商材でクリック率一〇%、コンバージョン（成約）率一%の法則性を確かめた私は、より多くの人にこのロジックを広める事業を開始した。

未来を予測して、失敗する可能性がほとんど存在しない成功体験を味わってほしかったのである。

対象者は、ニッチな商材を持っている中小企業経営者か、もしくは個人起業家。一〇万件以下のニッチキーワードでビジネスを行うのだから、小組織としてのスピード、機動力のある人でないと話にならない。

そして、五〇〇社以上のネットビジネスオーナーをクライアントにして、反応率を計測した結果、やはり法則性は変わらなかった。

どんな職種でもほとんどこの数字はブレない。

不動産、法人向け機械製品販売、リフォーム、食品、ハウスクリーニング、占い、中古コピー機、コーヒーメーカー、とにかくもうどんな商材でも同じである。

仮説から確信へ。そして多くの仲間の協力を得て、再現性のある科学になったわけである。

もちろん、「クリック率一〇%、コンバージョン率一%」という反応率は、あくまでも目安である。すべてのキーワードがこの数値どおりとなるわけではないが、だいたいの上限、下限は決まっているということだ。

例えば、月間の検索数が一〇〇〇以上のキーワードであれば、クリック率が二〇％を超えることはまずない。かといって、どんな大雑把なキーワードでも二％を切ることも稀である。また、新規顧客のコンバージョン率が五％以上というホームページはこの世にほとんど存在しない（もしあるとしたら、極端にアクセス数が少ない場合だ）。一方で、どんなにしょぼいホームページでも、コンバージョン率が〇・一％以下ということもまずない。大切なのは、**だいたいの幅感覚**を持つことなのである。

それにしても、なぜクリック率やコンバージョン（成約）率はある一定の幅におさまるのだろうか？　キーワードによって変化があってもよさそうなものではないだろうか？　新聞広告や雑誌広告であれば、商材によって反応率はもっと大きなブレがあって当然なのに。

実は、クリック率に関しては、その理由はある程度わかっている。

第一に、「キーワード検索をした人で、**検索結果を見ない人はいない**」という点があげられる。例えば折込チラシのケースを考えてみればわかりやすい。その日に折り込まれるチラシの枚数が「三〇枚なのか、五枚なのか」で大きくブレることは当然考えられる。同じようなチラシがたくさんあれば、お客は見るのもイヤになってしまう。折込チラシの場合は「撒いた数をすべて確実に見てもらう手段」は基本的に存在しない。

しかし、キーワード検索の場合は、そもそもネットユーザーは検索結果を見ることを目的にしている。だから、キーワード広告で一位表示をし続けることができれば、チラシのように不確定要素に左右されることがない。検索数＝必ず広告を見てもらえる数、ということになるので前提条件が変化しないわけだ。

第二に、「キーワード検索をした人は、ほとんど一ページ目をクリックする」という点だ。これも同じように前提条件は変化しにくい。たいがいの場合、私たちは検索結果の一ページ目、しかも上位表示されているリンクをクリックするだろう。

第三に、「検索結果に表示されているリンクの数は、どんな検索エンジンでもある程度決まっている」という点があげられる。ヤフーにしろ、Googleにしろ、検索結果は一〇個ずつ表示される。そして検索結果を囲むように最大一〇個程度のキーワード広告が表示される。**どんなキーワードでも検索結果に表示されるリンクの数はほとんど同じ**なのだから、おのずと同じようなクリック率の傾向が出てくる、ということである。

つまりこういうことだ。

私たちがキーワードを検索エンジンで調べたときの広告が表示される条件は、どんなキーワードでもほとんど変わることがない。みな同じようなパソコンの画面の、同じようなインターネットブラウザを使い、同じような条件の検索結果を、みな同じように必ず一ページ目のどこかをクリックする。新聞広告のように、「スペースの大きさ」「色使い」などに人の反応率が左右されることは一切ない。だからどんなキーワードでもクリック率にはほとんど差が出ないと考えられる。

もう一方のコンバージョン(成約)率に関しては、実はよくわかっていない。「同じような前提条件」で人が行動していることは同じだが、さすがに商品の成約率がどんな商売でも同じ、というのはどうしても考えにくい。ホームページのつくりも千差万別なわけだし。

ただ、事実として、成約率は「一」という数字がネットの世界では判を押したように出現してくる。キーワード広告経由のホームページでの成約率だけではない。メルマガで告知しても成約率は一%に近づく。一体どうしてだろうか?

あくまでも推測ではあるが、私の意見を言えば、こういうことになる。

人間は、「十進法」(※)が好きなのである。

人間の指は一〇本なので、この世の数字は十桁繰り上がりの「十進法」であらわされることが多い、といわれている。

例えば企業経営者で売上七五〇〇万円の会社を目指す! という人はいない。まずは年商一億円を目指すという人が多い。しかし別に明確な理由があるわけではない。十桁区切りがなんとなくキリがよくて落ち着くからだ。あるいは、年収九五〇万円が目標、というサラリーマンも少ない。やっぱり目指すなら年収一〇〇〇万円になる。別に年商七五〇〇万円でも年収九五〇万円でも目標設定していいのだが。

キーワード検索結果だって、別に一ページに一三個ずつリンクがあってもいいのである。しかし人間は十進法が好きなので、検索結果のリンク数はどの検索エンジンでも「一〇個」である。

要するに、人間は「十桁区切り」じゃないとなにか気持ちが悪くてしょうがない生き物なのである。だからクリック率もコンバージョン（成約）率も「一〇」で桁が変わる数字になる。

こう考えるしかない。

まあ、無理矢理のロジック付けだが、むずかしく考えずに「なんかそういう数字に落ち着くもんだ」と思ってほしい。「水が沸騰するのはなぜ一〇〇℃なのか？」と考えるのとあまり変わらない世界の話である。

クリック率一〇％コンバージョン（成約）率一％の法則性が成り立つ条件

「一〇％一％」のロジックが成り立つにはある程度条件がある。それを説明しておこう。

- オーバーチュア広告で一位表示すること。
- 検索キーワードが一〇万件以下のニッチキーワードであること。
- 商品単価が消費者向け三万円以下、法人向け三〇万円以下であること。
- 「旅行」「車」「健康」などの大雑把な言葉ではなく、「ハワイ旅行」「ＢＭＷ」「コエンザイム」などの具体的な言葉であること。

●ホームページのつくり、商品品質が良いことは大前提(きれいなホームページという意味ではない)。

●「売れる言葉」であること。

第一に、「一〇%一%」があてはまるのは、オーバーチュアのキーワード広告で一位表示した場合である。Googleアドワーズ広告の場合では、クリック率もコンバージョン(成約)率もかなり下がる。とはいっても何十分の一になってしまうわけではない。だいたい半分くらいになる、と考えていい。これは広告媒体としての信用の問題だ(GoogleよりヤフーのほうがA信用されている)。

第二に、検索数が一〇万件以上のビッグキーワードの場合は、クリック率はかなり下がる。むずかしい話ではない。検索数の多いキーワードは「車」「健康」などの、大雑把な言葉だ。大雑把な言葉は検索結果も大雑把になり、自分が望む情報が検索結果に出にくいのでクリック率も下がる。それだけの話だ。

しかしそれでもキーワード広告一位表示を確保していれば、少なくともクリック率二%を下回るケースはほとんどない。また、「アスベスト」「M&A」などの言葉のような「流行」の要素がからむと、一〇万件以上のビッグキーワードでも一〇%を超えることは当然ある。

第三に、コンバージョン(成約)率は当然高額商品ならば、一%を下回る。「マンション」というキーワードに広告を出して五〇〇〇万円のマンションが一%の確率で売れるわけはない。これは常識的に考えればわかる範囲のことである。ただし、下限はある程度決まっていて、どんな高額商品でも〇・一％を下回ることはほとんどない。

また、コンバージョン（成約）率はホームページの作り方が悪ければ当然一％にはならない。もちろん商品品質が良いことも大前提である。

第四に、どんなキーワードと商品の組み合わせでも「一〇％一％」になるわけはない。「旅行」という大雑把なキーワードに「オーストラリア旅行」を商材であてたら、クリック率もコンバージョン（成約）率も大幅に下がる。「コエンザイム」というようなキーワードに広告を出して、一位表示をすれば「一〇％一％」になる、ということである。

最後に、そもそもどんなキーワードでも商売が成り立つわけではない。検索キーワード市場の世界は、「売れないキーワード」と「売れるキーワード」がある。

この見極めは非常に重要なポイントだ。

どんな言葉に市場参入するのか。この判断次第でネットビジネスの成功は八割方決まってしまうといっても過言ではないのである。

では、「売れるキーワード」「売れないキーワード」の違いは何なのか？

それを次章以降で解説しよう。

※「進法」とは桁区切りのことをいう、と考えればわかりやすい。ご存知のとおり、コンピュータは「〇」と「一」だけの「二進法」が基本で動いている。時計の針は「一二」で桁が変わるので「十二進法」である。

第3章

「売れない言葉」の4パターン

「儲からない言葉」で商売をしてはいけない

「キーワード需要にチャンスがあることはわかった。じゃあ、どんなキーワードでも、商材を用意して告知すれば売れるのか?」

あなたはこう考えていることだろう。

ズバリお答えすれば、検索キーワードはすべて商売につながるわけではない(当たり前だ)。

「いかにも商売になりそう」な言葉であっても、全然売れないケースもある。

「ビジネスの成功とは、失敗を避けること」という言葉がある。

「どう成功させるか」を考えるよりも、「はまりやすい罠をどう避けるか」を考えたほうが、てっとり早いのである。

私は三年以上もの間、自分の事業でキーワード広告を出し続けている。また、四〇〇名を超える私のクライアントの実践データを毎日のように分析している。

その結果、「売れない言葉」にはパターンがあることを発見したのだ。

その要素をこれからお伝えしよう。

パターン1 「ウォンツ商材言葉」は儲からない

アパレル、嗜好食品、ジュエリー、雑貨などの欲求型商品、いわゆる「ウォンツ商材」はキーワード検索経由で大きな売上にするのはかなりむずかしい。リアルの市場規模が何千億、という商材でも、インターネットの検索となると、極端に数が少なくなるのである。なぜか？

「ウォンツ商材」は、自分の欲しいものを「言語化」しにくいからだ。

言葉にできないものを、検索することはできない。

例えば、「コートが欲しいなあ」とあなたが漠然と考え、渋谷の店へ買いに出かけたとしよう。「コートだったら何でもいい」と思う人は少ない。たぶん、あなたにもそれなりのこだわりがあるだろう。

しかしこんなとき、「こういう種類の、こういう素材を使った、こんな色で、こんな小物のついたコートが欲しい」といった感じで「自分のニーズ」を明確に言語化できるだろうか？

おそらく、「かっこいいやつ」「スタイリッシュな」「かわいいの」「きれいな」「スポーティ」「軽そうな」などの曖昧な言葉になってしまうにちがいない。感覚的なフィーリング言葉になってしまう。

実は、こういった「形容詞」は、インターネットの世界ではまったく検索されないのだ。

[「コート」と検索した場合。「あったかそうな」「薄手な」などの形容詞は決して検索されることはない]

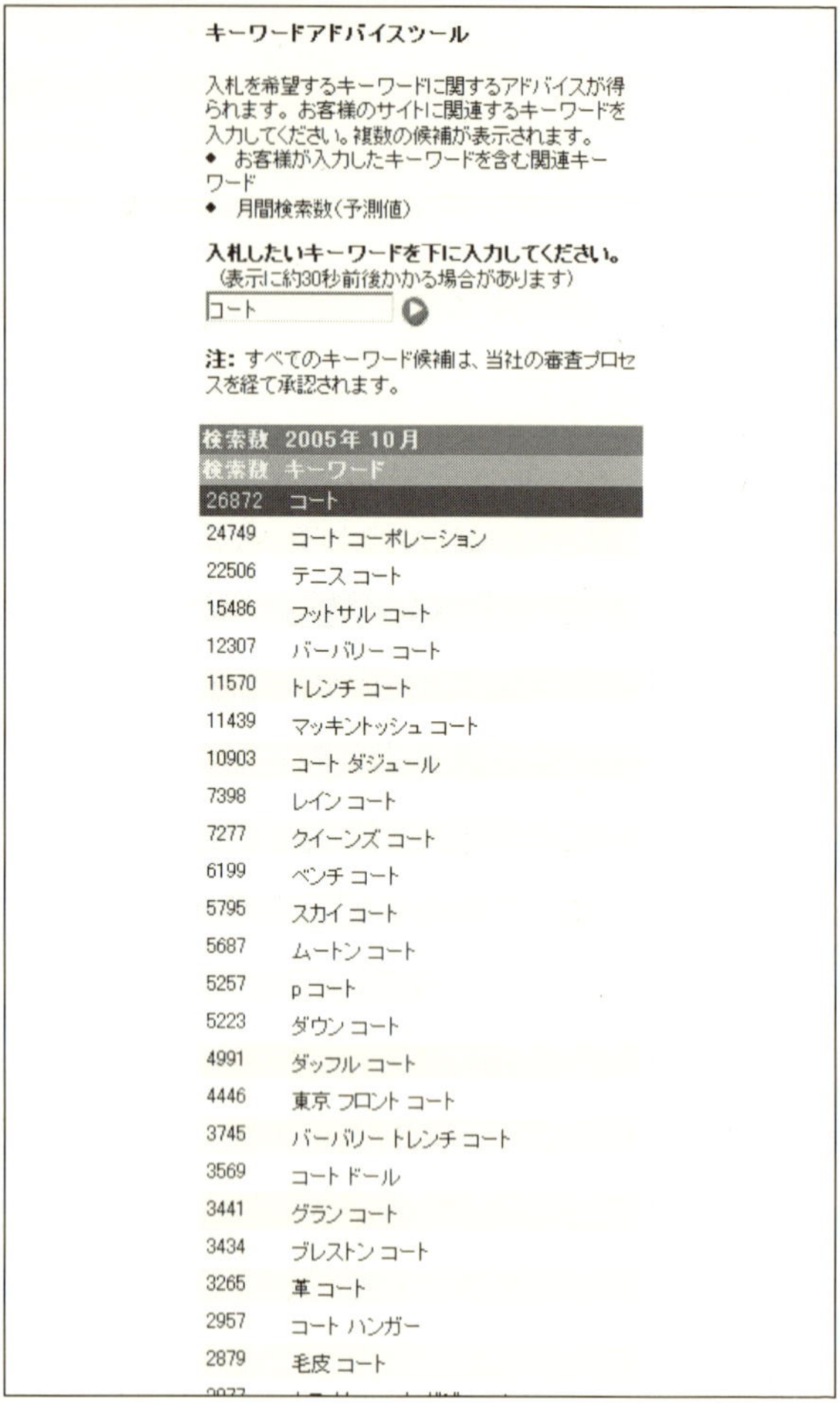
キーワードアドバイスツール

入札を希望するキーワードに関するアドバイスが得られます。お客様のサイトに関連するキーワードを入力してください。複数の候補が表示されます。
- お客様が入力したキーワードを含む関連キーワード
- 月間検索数(予測値)

入札したいキーワードを下に入力してください。
(表示に約30秒前後かかる場合があります)

コート

注: すべてのキーワード候補は、当社の審査プロセスを経て承認されます。

検索数	2005年 10月
検索数	キーワード
26872	コート
24749	コート コーポレーション
22506	テニス コート
15486	フットサル コート
12307	バーバリー コート
11570	トレンチ コート
11439	マッキントッシュ コート
10903	コート ダジュール
7398	レイン コート
7277	クイーンズ コート
6199	ベンチ コート
5795	スカイ コート
5687	ムートン コート
5257	p コート
5223	ダウン コート
4991	ダッフル コート
4446	東京 フロント コート
3745	バーバリー トレンチ コート
3569	コート ドール
3441	グラン コート
3434	ブレストン コート
3265	革 コート
2957	コート ハンガー
2879	毛皮 コート

(オーバーチュアのキーワードアドバイスツールより)

なぜ検索されないのか？

インターネットユーザーは、「かっこいいコート」と検索しても、自分が考えている「かっこいい」コートが検索結果で出てくるとは思っちゃいない。無意識的にも、意識的にも私たちは

「かっこいい」という感覚にはものすごく個人差があることをよくわかっている。だから検索エンジンにも最初から期待していない。非常に単純な話だ。

食品の場合も同じで、これも言語化は非常にむずかしい。

[豆腐で検索した場合。「料理」「作り方」など、自分でつくるために検索をする、というケースが非常に多い]

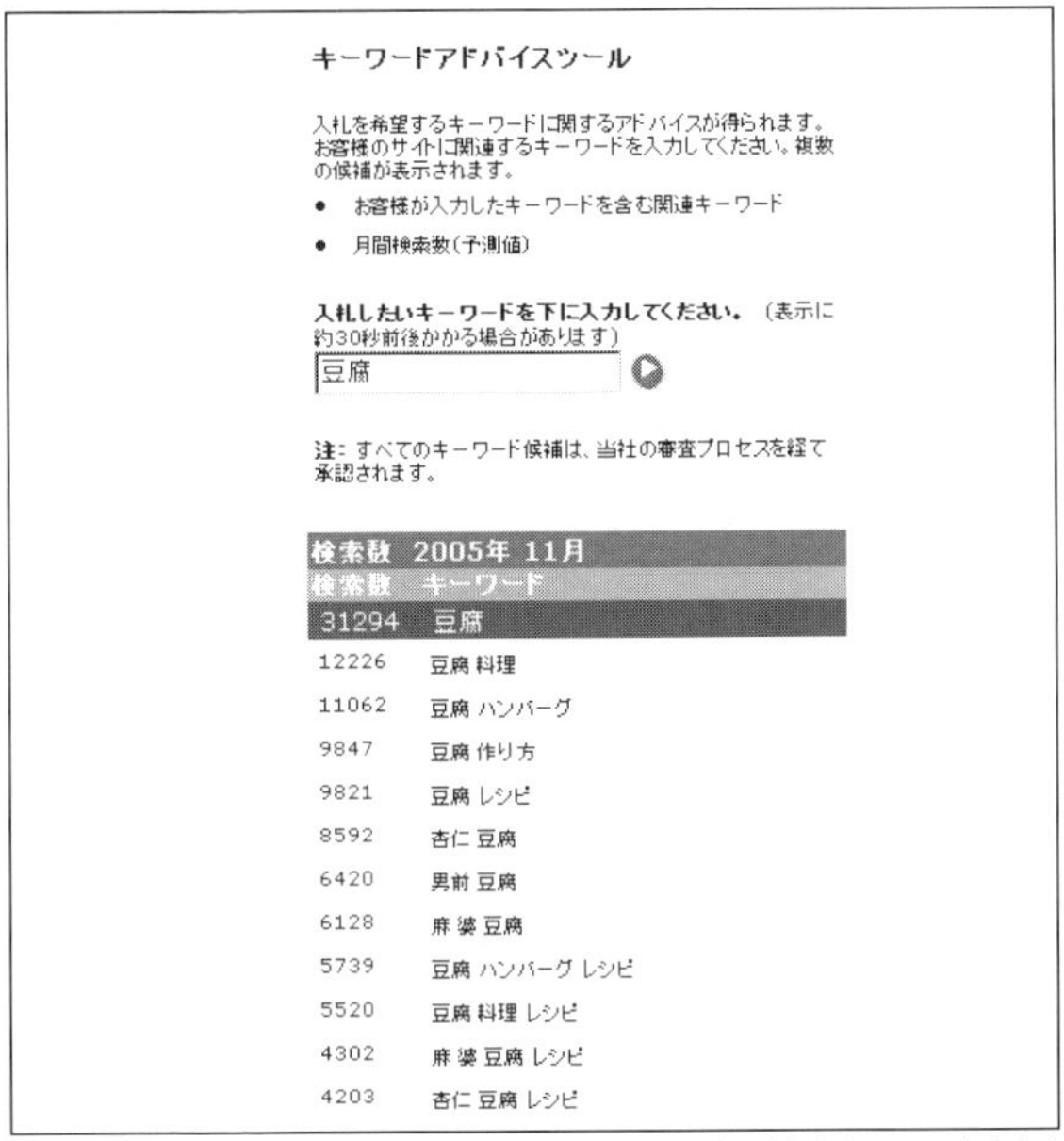
キーワードアドバイスツール
入札を希望するキーワードに関するアドバイスが得られます。お客様のサイトに関連するキーワードを入力してください。複数の候補が表示されます。
● お客様が入力したキーワードを含む関連キーワード
● 月間検索数(予測値)
入札したいキーワードを下に入力してください。(表示に約30秒前後かかる場合があります)
豆腐
注: すべてのキーワード候補は、当社の審査プロセスを経て承認されます。
検索数 2005年 11月
検索数 キーワード
31294 豆腐
12226 豆腐 料理
11062 豆腐 ハンバーグ
9847 豆腐 作り方
9821 豆腐 レシピ
8592 杏仁 豆腐
6420 男前 豆腐
6128 麻 婆 豆腐
5739 豆腐 ハンバーグ レシピ
5520 豆腐 料理 レシピ
4302 麻 婆 豆腐 レシピ
4203 杏仁 豆腐 レシピ
(オーバーチュアのキーワードアドバイスツールより)

あなたが仕事をしているときに、「牡蠣とホタテ貝柱とイイダコとが入ったカップ入りのポッサムキムチが食いたい」という欲求が突然芽生えることは絶対にないだろう。

欲しているのは「旨い」キムチや「激辛」なキムチだろう。あるいは「こってり」「さっぱり」なものだろう。そしてこういった言葉も検索エンジンでは検索されることは少ない。そもそも「キーワード需要が存在しない」から、商売になりにくいのである。

また、食品の場合は「今すぐ食べたい」という欲求が高いので、わざわざ通販で頼んで後日配送してもらってまで欲しいというケースはそんなに多くない。「食品」を検索している人は「レシピ」を求めているケースが非常に多い。

「コート」や「キムチ」「豆腐」といった商材は、キーワード検索数でも二万〜五万件くらいで、かなり少ないほうだ(どれくらい少ないかといえば、「フレンチブルドッグ(犬)」の検索数が五万件を超える、といえばわかりやすいだろう)。リアルの世界では何百億という市場であっても、「キーワードの検索需要」が少なければ新規顧客を短期間に獲得するのはむずかしい。

アパレルや食品などの欲求商品は「たくさんの種類の中から見せてもらって、いいものがあれば買う」といった購買行動がほとんど。いわゆる「衝動買い」が基本心理なのである。仮に「革のコートが欲しい」と考えてショッピングモールに家族で出かけても、ピンとくるものがあんまりなくて、結局買ったのはセーターだった、というケースはあなたもよくあるだろう。

つまり、「ウォンツ商材」は、「プッシュ型」のマーケティングをして衝動買いをさせないとだめだ、ということだ。

「需要を喚起して買わせる」ビジネスモデルは、楽天などのショッピングモールが提供しているプッシュ型の広告(メール広告など)のほうが断然効率がよい。特に、「幸運を呼ぶパワーストーン」とか、カニなどの「嗜好品食材」、「アクセサリー」などの「ウォンツ商材」(需要を喚起させないと売れない商材)は、ショッピングモールなら月商一〇〇〇万以上も十分狙える。

理由は簡単で、ショッピングモールには「通販好き」の人が集まっているからだ。押せば反応が返ってくる。「プッシュしてもらうのを待っている人」がいっぱいいるわけだ。

「通販でモノを購入するのが大好きな人」というのは、それ自体がマーケットなのである。

ただし、「ウォンツ商材」でショッピングモールに新規参入し、初年度から黒字を出していくのは至難の業である。短期的な儲けはまず期待しないほうがよい。右を向いても左を向いても競合だらけで、最も新規参入・起業がしにくい分野である。

月商一〇〇万円レベルではとうてい黒字化は期待できないし、基本的に粗利が低い商材である。顧客データを最低五〇〇〇件レベルまで蓄積してリピート購入をさせないと、まともな利益にはならない。

特に、食材は二〇%以上の高いリピート率を期待できる反面、広告手段が限られていて、競合が多く新規顧客獲得が非常にむずかしい。広告の顧客獲得単価は最低でも五〇〇〇円は必要だ(たとえ一〇〇〇円の「おためし商品」でもこれくらいかかる、と考えるべき)。だから新規顧客獲得には、少なくとも五〇〇万円程度の資金、一年以上の赤字を覚悟しなければならない。

よく店舗を持っている飲食店の方、服飾店の方で、商店街で売上が下がってきたので通販したいという人がいるが、ほとんどうまくはいかないからやめたほうがよい。商品点数一万点以上の在庫を抱える資金リスクを覚悟すれば、話は別だが。

ショッピングモールは「規模と売上」を目指す世界である。年商五億、一〇億とショッピングモールで上げていても、赤字続きのネットショップはいくらでも存在する。安定的な利益額を求めるのなら、参入すべきではない市場なのだ。

検索エンジン、つまりキーワードマーケティングで売れる商材は、圧倒的に「ニーズ商材」(必要性があって初めて購入する商材)の独壇場である。言い換えれば、ショッピングモールで探しても買えない商品・サービスが、検索エンジンのキーワード経由で圧倒的に売れるもの、といえる。

パターン2 「悩みが浅い言葉」は儲からない

検索数が何十万件とあっても、売れない言葉はたくさんある。その代表格が「悩みの浅い言葉」である。

現在の検索エンジンでは、よほどおかしな言葉でない限り、どんな言葉でも検索結果が出てくる。実に簡単な話、「検索結果」に書いてある無料情報で問題解決ができるのならば、いくら告知したって商売にはならない。

例えば、「料理　レシピ」というキーワードは月間検索数が五〇万件以上あるビッグキーワードである。相当な検索数なのだが、こんなにビジネスになりにくい検索キーワードもない、というくらい投資価値の低い言葉なのだ。

ズバリ、理由は「検索結果に書いてあること」だけで問題が十分解決できてしまうからだ。

インターネットユーザーが「レシピ」という言葉を検索するケースを考えてみればわかる。たぶんパソコンの前ではこんな夫婦の会話が展開されているはずだ。

妻「今晩のメニュー、何にしようかしら(午後四時頃)」

夫「夏野菜カレーにしよっか」

妻「いいね！　じゃ、レシピをネットで検索して買い物、行こっか！」

夫「ＯＫ、今検索したからプリントアウトするね」

そう、レシピと検索する人は、「素晴らしい」情報よりも、「今すぐ気軽な」情報が欲しい。腹が減っているから、あと三時間くらいですぐ食いたい。だから、「ものすごく旨い夏野菜カレーができるけど、いろんな高級食材を用意して、時間がかかる」高級レシピ集を販売してもまったく売れないのである。

検索結果を見れば、「簡単レシピ」がイヤというほど並ぶ。ここからお気に入りの一つをチョイスすれば事足りるわけだ。わざわざ広告を出しているサイトからお金を払って購入するネットユーザーはいない。

このタイプの売れないキーワードでは、「プリザーブドフラワー」(約四万件)、「俳句」(約三万件)、「ウェルカムボード」(約五万件)、「草野球」(約三万件)、などのキーワードがある。どれもそこそこの検索数があるのだが、「趣味的度合い」が高すぎて、深刻な悩みや根の深い問題が存在しない。だから月商一〇〇〇万円を超えるような商売にはとうていならない。検索する人の大部分が、検索結果の無料情報(作り方、やり方など)で満足してしまうからだ。

人がインターネットで検索する、という行為の裏には、必ず何らかの「問題を解決しよう」という背景がある。しかし、「問題」度合いが〝深刻〟でなければ、そもそもお金を払う人はいない。ビジネスの価値とは、お客の問題がプロでなければ解決できないものであってこそ、初めて生まれるのである。

パターン3 「知られていない言葉」は売りようがない

当たり前のことなのだが、非常に大事なことなので述べておこう。

実は、こんな話が、月に一回は私のところにやってくる。

クライアント「素晴らしい商品なんです。いろんな病気が治る画期的な健康食品で〇〇というんですけど。実績もあるし絶対売れると思うんです。どうやってネットで告知していけばいいっすかね！」

私「告知のしようがないから、売りようがありません」

これまた、すこぶる単純な理屈だ。

検索エンジンでお客を引っ張ろうと思ったら、お客の頭の中に「言葉」がないとはじまらない。

「知らない言葉」は検索しようがないじゃないですか。

例えば、前述の相談ケース。法的に医薬品ではない健康食品は効能効果が一切告知できないので、「症状」のキーワードでは当然広告は出せない。もちろんホームページにも記載はできない。コエンザイムだの、αリポ酸だの、何百種類とある健康食品のすべては、「製品名」でしかお客を引っ張ることができないのだ。

だとすれば、そもそも「製品名」を知らないのなら、検索はされない。言葉が検索されない、ということはその商品はいくら一生懸命ホームページをつくってもインターネットでは存在しないのも同然である。

「新製品の○○！」でインターネット商売をはじめる場合、できることといったらプレスリリースでマスコミを動かすか、地道に口コミを広げるしか方法がない。『あるある大事典』などの健康ネタテレビ番組に取り上げてもらえればベスト。放映直後からドカンと検索数が跳ね上がり、ガンガン売れるからだ。

しかし、当然マスコミに取り上げてもらうのはむずかしい。不確定要素が多すぎて、とても私はおすすめできない。

検索エンジン経由で「新製品」をいきなり新規顧客に販売するのは相当望み薄である。ウォンツ商材と同じで、どこかの顧客リストにプッシュ広告をするしか方法がない。

リアルの世界以上に、新しいものが売りにくい場所、それがインターネットである。

パターン4

「他人の固有名詞」では商売できない

売れない、というより商売ができない、という意味だが……。

インターネットで検索される言葉の大部分は、「ビジネスにならない固有名詞」である。例えば、次ページの図はある日のある瞬間にポータルサイトgooで検索された言葉をリアルタイムで拾ったものだ。

かなりの割合で「人名」「企業名」といった「固有名詞」が並んでいるのがよくわかるだろう。必ず目につくのが、芸能人の名前。しかも女性のグラビアアイドルが圧倒的に多い(良くも悪くも、インターネットはこういう世界である)。

当然、これでビジネスをしようったって無理(著名人の名前はパブリシティ権で保護されていて、勝手に商用目的には使えない)。企業名なども同様である。

おそらく、インターネットで検索される言葉の九割以上が「固有名詞」と「普通名詞」だ。逆にいえば、ビジネスをする側は、大きく分けて二つの検索される経路があるわけだ。

98ページの図は「中古車探しのカーセンサー」の例。カーセンサーは知名度が高いので、「カーセンサー」という固有名詞でも二五万件くらい検索される。一方、お客さんへ提供する商品である「中古車」という普通名詞キーワードでも商売はできるわけだ。

リアルタイムで拾ったgooで検索された言葉

ＤＯＣＯＭＯ
肝臓
犬
産業廃棄物
国債
ソネット
お礼状
ＩＰＯＤ
報知
ＮＴＴ　格付　ＡＡＡ
恵比寿
オペラ　不思議の国のアリス
ニュース　三重
香水　バーバリー
ボルゾイ　ブリーダー
展示　ソファ
背景
やきとり　じん　熊本
悪妻駄目妻度チェック
室内禁煙
ことのは塾
漬物ソフト
自宅中心地図
レスＱ隊
自然派栄養ドリンク
傘の自販機
晴雨計
ナルニア国物語
カーボンヒーター
アイコン　機関車
試写会
瑞穂ハイランド
三井住友　長野
ＧＡＰ
インリン・オブ・ジョイトイ
食玩
水耕栽培　野菜
コジマ電気
２ちゃんねる
獨協大学
年賀状　イラスト
ＭＩＸＩ
英辞郎
厚生労働省

▶中小企業・個人は普通名詞で勝負

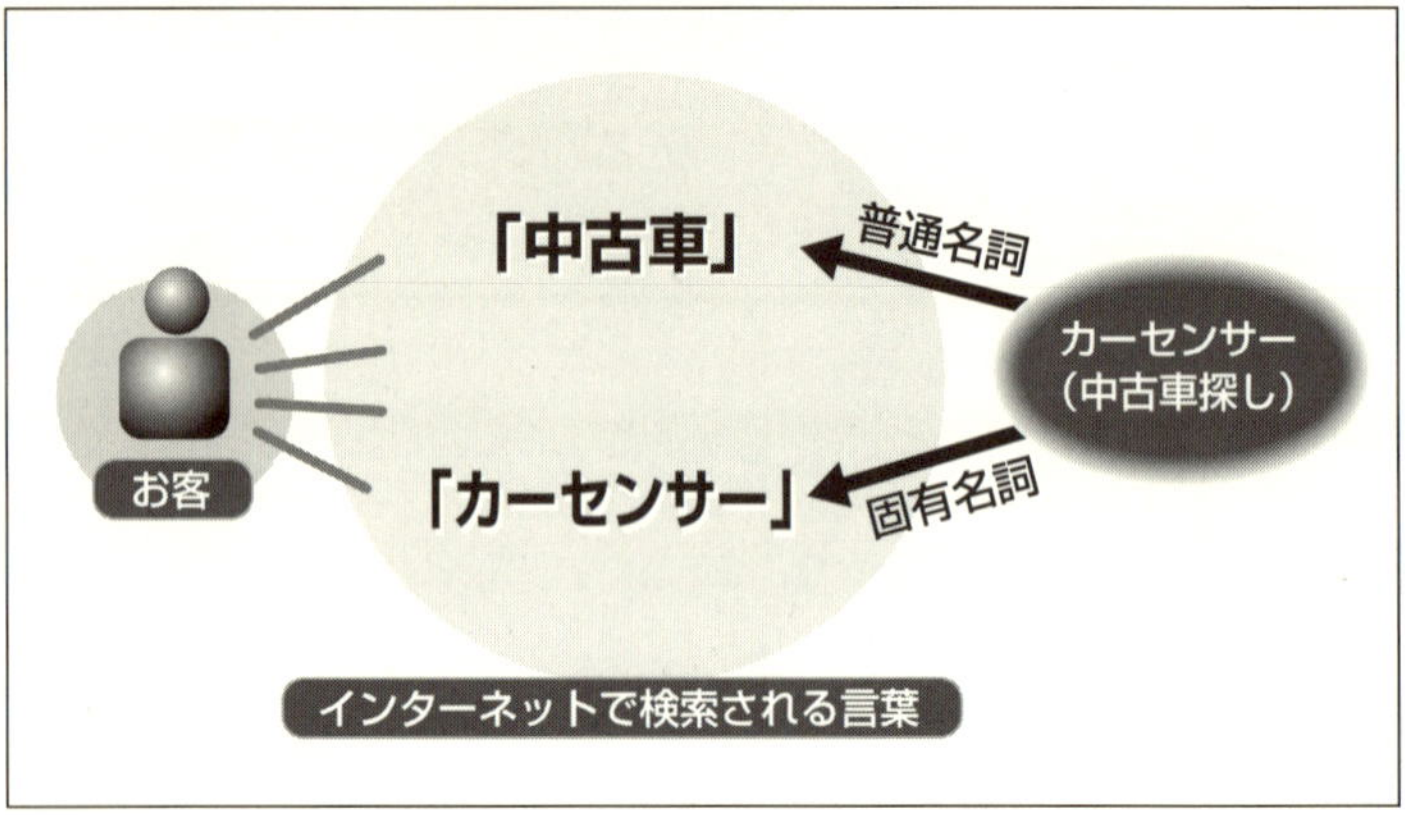

[商品・サービスが検索されるケースは、普通名詞と固有名詞。知名度のない中小企業や個人は普通名詞で勝負しなければならない]

もちろん、固有名詞で検索される大企業とは違い、中小企業や個人起業家が狙うべき場とは、当然穴場の「普通名詞」でなければならない。

ただし、アフィリエイトをやる場合はまったく逆で、企業名や人名の固有名詞でSEO(検索エンジン最適化)をかけ、「本体のフリをして」おこぼれをもらう手法が一番儲かる。粗利額が数万~数十万円になる商材のアフィリエイトで月間一〇〇万円以上稼ぐ人は大勢いる。

この手法については、私はアフィリエイトで生計を立てることをまったくおすすめしないので詳しくは説明しない。ヤフーやGoogleで、「千趣会」「ユーキャン」「セシール」「プライムショッピング」などの会社名で検索してみれば、私のいう意味がすぐにわかるだろう。

企業によってはアフィリエイトサイトが「企業名」で広告を出すことを認めているところもあ

る。また、「クレジットカード会社名」「消費者金融会社名」なども粗利額が高く、手数料がたくさんもらえるので非常に人気のキーワードだ。

あるいは、検索数が何十万件とされる芸能人の名前でファンサイトをつくり、ＳＥＯ（検索エンジン最適化）で上位に表示させ、月数万円の広告収入を得ることはもっとむずかしくないだろう。

いずれにせよ、所詮小遣い稼ぎである。アフィリエイターと呼ばれる人たちが、インターネットでアクセスを稼げる優れた能力を持っているにもかかわらず、顧客リストという最大の資産を放棄する人たちであることには変わりない。

第4章

クリティカル・キーワードの8パターン

「クリティカル・キーワード」とは何か？

インターネットの世界は見えにくい。

ヤフーに毎日、何千万人もの人が訪れているとわかっていても、それを現実のものとして認識するのは非常にむずかしいことだ。

いわんや、「人が何を欲しているか」を知る手段はほとんどない。

唯一、人がインターネットに求めているものを知る手がかり。それが、「検索される言葉」なのだ。

そして、検索エンジンでは、ほとんどの言葉は「検索結果に書かれていることを知りたい」というだけのために検索される。「検索結果のホームページに書いてある情報だけで満足」というキーワードでは高い利益を上げることには絶対ならない。第3章で説明した「売れないキーワード」とはそういうことだ。

一方、「検索される言葉」には、確実に売れる言葉がある。

その言葉を、私は「クリティカル・キーワード」と呼んでいる。

クリティカル・キーワードとは、「インターネットで検索結果に連動した広告を出すと、すぐに反応があるキーワード」である。その言葉を検索する人はかなり高い確率でお客になる。すでにお金を払う準備をしている人がたくさんいる。冷やかし客はほとんどいない。緊急の悩みがあって、どうしても誰かに助けてほしい。そんなお客の心理状態が手に取るように読み取れるような言葉だ。

一体どんな言葉なのか？

その秘密を、あなただけに公表しよう。

パターン1 「タウンページ言葉」は売れる

「タウンページ」をご存知だろうか？

いわゆる職業別電話帳のこと。あの、黄色い表紙の分厚いやつだ。あなたの自宅にもNTTから配布されて、電話台の下かなにかに必ず一冊置いてあるはずである。

あまり知られていないが、実はタウンページという媒体は、特定の業種で恐ろしいほど効率的に集客できる「魔法の広告媒体」なのである。

理由はズバリ、「お客がタウンページを開いた瞬間にはほぼ一〇〇％購入すると決めている」からだ。タウンページ経由で電話が鳴ったら、かなりの確率で成約すると踏んでよい。

あなたが一番最近、タウンページを開いた記憶を思い出してほしい。たぶんその後は必ずどこかに電話をして、相当高い確率でどこかの業者にお金を払っているはずである。

私の経験でいうと、こんなケースでタウンページを開いた記憶がある。

「水漏れ工事業者を探した」「動物病院を探した」「バイク買取業者を探した」「アルミサッシの交換業者を探した」「宅配ピザ屋を探した」。

こんな感じだ。

「鍵のトラブル解決業者」「消費者金融」「シロアリ駆除」「葬儀屋」なども典型的にタウンページで売れる業種。「とにかく緊急の問題が発生している」「困っている」「一見ダークな感じ」「いくらかかるかよくわからない」といった業種には最適な広告媒体なのだ。

タウンページがなぜ特定の業種の集客に効果的かといえば、話は非常に簡単だ。「問題が発生したとき」に、ほかに調べる手段がないからである。

考えてみれば、電話帳ほどご丁寧に長期間消費者の手元に置いてもらえる媒体はこの世に存在しない。「保存性」という意味では最強の広告媒体である。たいていのチラシやDM、パンフレットは家庭に届いたとたん、ゴミ箱に直行する。必要なときに、思い出しても電話番号がわからなくなってしまえば、チラシに意味はない。

お客が必要としているときにその場にあって、連絡先が書いてある。これほど強力なマーケティングは、おそらく存在しないだろう。

ただし残念ながら、最近はタウンページの利用率はどんどん下がりつつある。インターネットで何でも調べられることがわかってきたからだ。加えて、若い世代は携帯電話が普及して固定電話を引かないケースが多く、そもそもタウンページを利用しない。あるいはタウンページを持っていない家庭も多い。

つまり、「水漏れ問題が発生」→「タウンページで工事業者を探す」という行動パターンが、「水漏れ問題が発生」→「ネット検索で探す」へ変化しているわけである。

楽天に行っても、価格.comへ行っても、Amazonに行っても水漏れ工事の依頼はできない。だから検索エンジンで探すしか方法がない。

そう、インターネットの検索エンジンで最も確実に売れるキーワードは、この**タウンページに掲載されている「職種言葉」**なのである。

タウンページを引くときは、必ず目次から「キーワード検索」をするはずである。なぜ「キーワード検索」をするかといえば、「自分の問題を解決したい」という目的が明確だからだ。

決して「何かいいサービスないかな〜」などとパラパラめくったりしない。

台所の蛇口からポタポタと「水漏れ」が起こっていたら、「水漏れ工事」の業者を一心不乱に探すじゃないですか。人間は、問題が発生すると、「すぐに」その問題を解決したくてしょうがなくなる生き物なのである。

今まさに、「水漏れが起こっている」のに、「ほほう、タウンページにはいろいろお得情報がありそうだな。バイク高価買取かあ。でも今はバイク売る必要もないしな……」などと悠長なことを考えているお客はいない。お得な情報にかまってはいられないのである。

[キーワード事例:「中古車」オートロマンさん＝「中古車販売」というキーワードで起業した、有限会社オートロマンの佐々木社長のホームページ]

一方で、これと正反対の広告媒体がある。それが「新聞折込チラシ」である。チラシ広告は、「何かお得な情報ないかな?」と見る。主婦がチラシを見る感覚は、「お得なもの宝探し」に近い。そこで「お買い得」「特典」「おまけ」「くじ引き」「クーポン」が威力を発揮する(だから、ネット検索では「お買い得商材」「ウォンツ商材」はまず売れない)。

有限会社オートロマンの佐々木さんは某国立大学卒業後、大手国産車メーカーの技術職を経てネットに参入した大変面白い人物である。

独立後初年度からいきなり年商一億円を軽く突破。「昔乗ってみたかったあの車」をキャッチフレーズに、わずか二〇〇万円の広告費投資で一〇〇件を超える問い合わせを獲得し、月商一〇〇〇万円を超える取引を行う。

佐々木社長は、誠実なパーソナリティとエンジニアとしての豊富な知識によって、メールのやりとりだけで東京にいながら北海道の客に五〇〇万円のベンツ中古車を売ってしまう強者だ。何より先見の明があったのは「中古車」というキーワードの検索数がインターネット上に多いことを見抜いた点だ。実は、中古車売買はタウンページでも最も反応率の高い業種のひとつ。

中古車、中古バイクの購入希望者はほぼ一〇〇%購入したい「車種名」が決まっている。そして、「買うことを決めてから」インターネットで問い合わせをしてくることが非常に多い。だから彼らの希望に合うものを提供できたら、ほとんど即決で成約するのである。

検索キーワードの「中古車」は、月間検索数約五〇万件。インターネットに高い需要があることが、よくわかるだろう。この中から「販売」などのニッチな複合キーワードで勝負している。

このほか、「バイク買取」「人材派遣」「印鑑」「結婚相談」「鍵のトラブル」「防犯カメラ」などがタウンページ言葉のうち、インターネットで売れる代表格キーワードだ。とにかくコンバージョン率が高いのが特徴。何らかのトラブルが起こっていて、「今すぐ」問題解決したいお客がくる可能性が非常に高いのである。

タウンページ言葉で「全国通販」が可能な職種キーワードは、かなりインターネットで顧客を獲得できる可能性が高いのだが、実はすでにほとんどのキーワードが競争過多状態。小資本での新規参入はかなりむずかしい。ただし、まだ競争が激しくない市場もたくさんある。

あなたの自宅のタウンページにあるキーワードを丹念に見ていけば穴場はまだまだ見つかるはずである。

おすすめしたいのが、「タウンページ新規追加項目情報」。実は、タウンページの職種カテゴリーは一定ではなく、毎年入れ替えがある。つまり、新しく需要が大きくなった職種が追加されることがあるのだ。当然、新しい需要であれば、まだ市場参入者が少ない確率が非常に高い。この情報はインターネットのタウンページ情報ホームページで確認できるので、興味がある人はチェックしてほしい。

アドレス＝http://tpnet.nttds.co.jp/index/002.html（改定される職業名・サービス名一覧）

パターン2 「タウンページ言葉＋地名」は売れる

ほぼ確実に需要があるにもかかわらず、まだまだ市場への参入が少ない穴場だらけのキーワードが**「タウンページ言葉＋地名」**である。

タウンページというのは「地域別」で発行されているから、掲載されている会社は「地元のサービス」だ、ということが前提としてある。ところがインターネットには地域の概念はないから、地元のサービスを探そうとしたら、「地名＋サービス名」で検索しなきゃならない。

例えば、私はつい最近リサイクル業者にお金を払って、五〇〇冊くらいの不要古本を処分した。その際Googleで検索したキーワードは、「千葉（地名）　不用品回収（サービス名）」である。

実は、この「地名＋」のキーワードが売れるのである。

「全国対応可能な商材」が反応率が高い、と前述したが、「場所ありき」のキーワードもまだまだ本当に穴場だらけである。

例えば、「ハウスクリーニング」というキーワードがある。

当たり前だが、「ハウスクリーニング」を依頼しようと思ったら自分の家に来てもらわなくてはならない。当然、東京に本社を構えるような会社に来てもらったら、交通費とか余計な経費を払わなきゃいけないことが予想できる。また、家を隈なく見られるわけだから、クリーニングが終わったあとも心配だ。だったら近場の地場サービスに頼んだほうがいい、とこうなるわけである。

「ハウスクリーニング＋地名」の複合キーワードは、月間検索数は数千しかない。しかし、かなり高いコンバージョン率が期待できる。

　ハウスケアサービスを経営する大西さんの事例を紹介しよう。「ハウスクリーニング

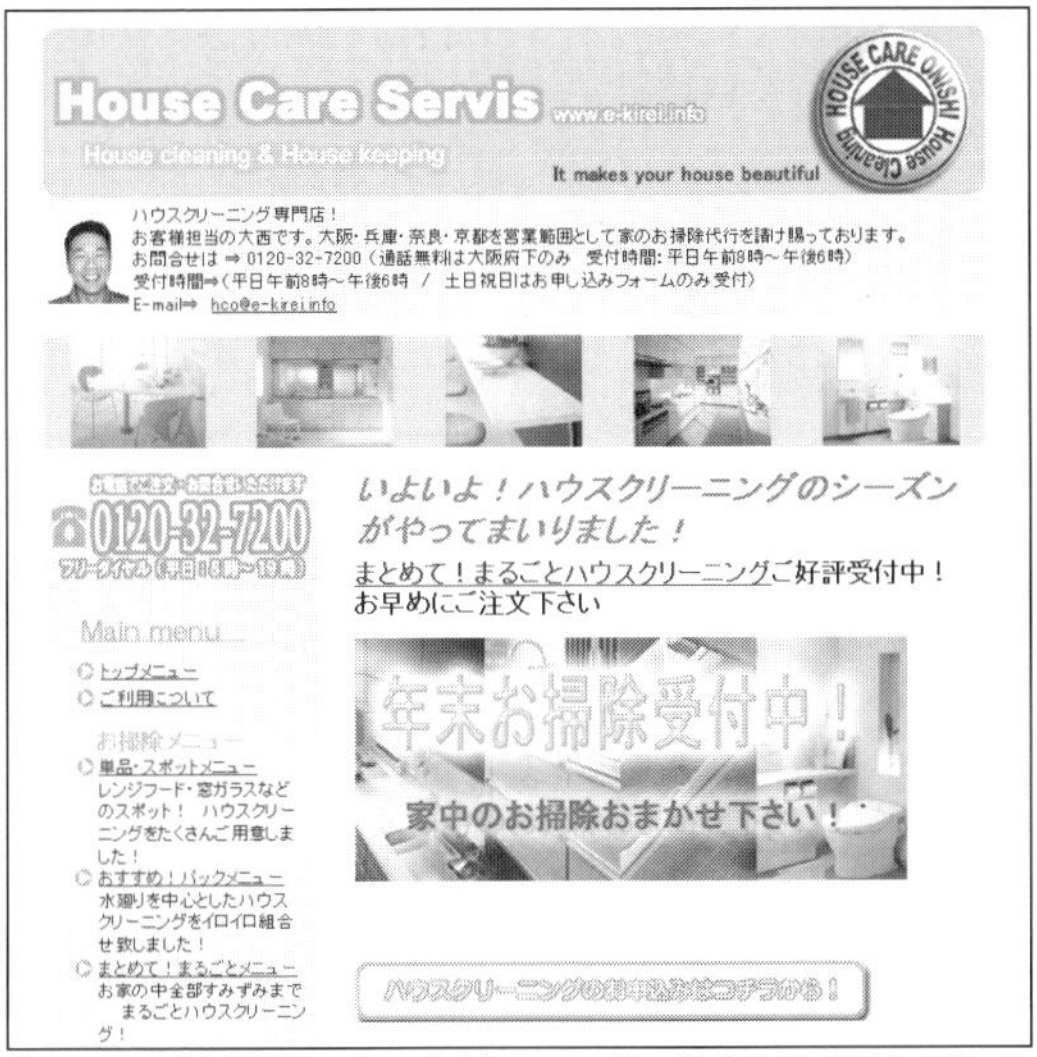

[キーワード事例「ハウスクリーニング＋地名」で成功しているハウスケアサービスのホームページ]

[地名を複合させて検索されるキーワードは、反応率が高い]

キーワードアドバイスツール

入札を希望するキーワードに関するアドバイスが得られます。お客様のサイトに関連するキーワードを入力してください。複数の候補が表示されます。
◆ お客様が入力したキーワードを含む関連キーワード
◆ 月間検索数（予測値）

入札したいキーワードを下に入力してください。
（表示に約30秒前後かかる場合があります）
スキューバーダイビング

注: すべてのキーワード候補は、当社の審査プロセスを経て承認されます。

検索数 2005年11月	
検索数	キーワード
30425	スキューバ ダイビング
4250	沖縄 県 スキューバ ダイビング
2544	東京 都 スキューバ ダイビング
2517	スキューバ ダイビング ショップ
2038	スキューバ ダイビング 団体
2012	スキューバ ダイビング スクール
1407	静岡 県 スキューバ ダイビング
1367	神奈川 県 スキューバ ダイビング
1321	大阪 府 スキューバ ダイビング
1211	スキューバ ダイビング ライセンス
1164	スキューバ ダイビング センター
801	兵庫県 スキューバ ダイビング
760	鹿児島 県 スキューバ ダイビング
759	愛知 県 スキューバ ダイビング
723	北海道 スキューバ ダイビング
709	千葉 県 スキューバ ダイビング
616	スキューバ ダイビング 雑誌
542	和歌山 県 スキューバ ダイビング
531	福岡県 スキューバ ダイビング

（オーバーチュアのキーワードアドバイスツールより）

＋地名」というキーワードで広告を出し、二五日間でコンバージョン率二%という結果を出した。ホームページが優秀であったこともあるが、売上規模が大きいために、たった一万円かそこらの広告投資で五〇万円近くの売上が上がることも。

現在は競争がとても激しくなっている業界だが、早期にキーワード市場に参入していたため豊富に顧客リストを持っている。これが非常に強みだ。なにしろ、ハウスクリーニングは一度契約をし、サービス内容を満足させることができたら、長期間の関係が築けるからだ。大西さんはフットワークときめ細かい営業スタイルで、名前の知れた大手にも負けない信頼を顧客から勝ち取っている。

「その土地でしかできない娯楽」も非常に有効なキーワードだ。「スキューバダイビング」というキーワードは、やたらと「地名」とセットで検索される言葉である。「ハウスクリーニング」と一緒で、多くのインターネットユーザーは「どこでスキューバダイビングをやるか」ということを決めてから検索する。

事例は、スキューバダイビングインストラクター金子さんのサイト。「沖縄県　スキューバダイビング」という検索数一万件以下のニッチキーワードだけで集客をする。夏の繁忙期のネットからの予約は、断ったほうが多かったと語る。

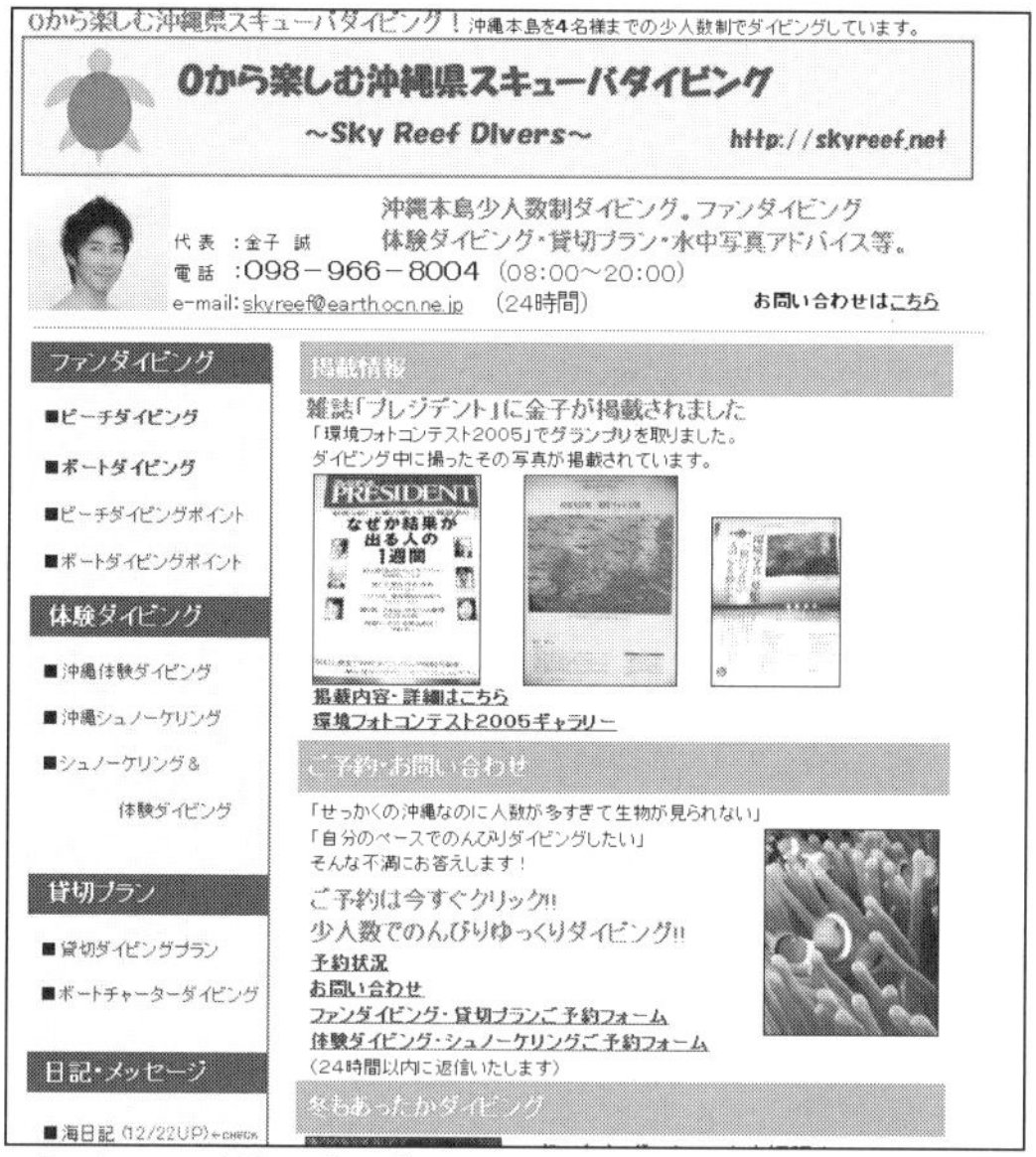

［スキューバダイビングインストラクター金子さんのサイト］

もちろん、サービス品質は超一流だ。どんなにお客から問い合わせがあっても、少人数制での自由度の高いダイビングスタイルを決して崩さない。お客のリピート性もきわめて高い（私は本当に、彼のような誇りを持って仕事をする人が大好きなのだ）。

このパターンのバリエーションは、「タイ料理教室＋地名」「接骨院＋地名」「結婚相談所＋地名」「カーフィルム＋地名」「金券ショップ＋地名」など、いくらでも考えられる。チャンスが広く浅く存在し、ほぼ確実に広告費用対効果が上回る「お買い得」キーワードなのだ。前にも説明した矯正歯科などのような高額単価のサービスならば、数十万円の広告投資だけで月商一〇〇〇万円を超えることも可能だ。

特に、「葬儀＋地名」「リフォーム＋地名」など、商品単価が一〇〇万円を超えるような高額なサービス商売は、検索数が数百単位でも十分な売上が期待できる。お客に電話をさせればよいだけだから、超シンプルなホームページでＯＫだ。電話番号をでっかく書いておけば反応は得られる（ホームページ作成業者に余計な金を払う必要がない）。「キーワード広告を出さなければ損」といってもいいくらいだ。

意外に思われるかもしれないが、インターネットの検索エンジンで、「地名」が検索されることはかなり少ない。なぜなら、「場所」の情報を純粋に知りたい場合は、マップファンなどの「地図サイト」へ流れるからだ。

だから、逆にいうと「地名」を検索するのは、かなり限られたシチュエーションであることがわかるだろう。検索数は少ないけれども、ほとんどライバルが存在しないので無料同然で「お客がつかめる」キーワードなのである。

パターン3 「問題発生言葉」は売れる

タウンページは「職業名データベース」だから、「職業名」しか目次には書いていない。お客は「職業名・サービス名」からしかキーワード検索できないわけだ。しかし、お客の頭の中にある「言葉」は、多くの場合「問題そのもの」であることが多い。

「アスベスト」「浮気」「癌」「脱毛症」「相続」。こういったキーワードだ。

問題を解決したいという背景があるので、「問題そのもの」のキーワードが大変反応がよいのである。

冒頭で紹介した、「地震」は最もわかりやすい例だろう。

「地震」の検索数は一昨年末、七〇万を超えていた。とんでもないキーワード需要があったわけだ。ところが、当時このキーワードで広告を出していたのは、静岡のハウスメーカーただ一件。しかもクリック単価はたったの九円だった。

「地震が起きたら、大変だわ。何かしなくちゃ」と考えた人が多く検索したのが、「地震」「地震対策」というキーワード。不安感を消すために、今すぐ問題解決したい需要が旺盛にあったのである。予想どおりクリック率一〇%、コンバージョン率一%でほとんど推移し、二万円の商材が顧客獲得単価三〇〇〇円程度で売れた。

実は、タウンページにも「防火設備」のような検索キーワードはある。ただし売っているのは「消火器」とかそんなもの。「地震」という「問題そのもの」のキーワード需要に応える媒体は当時ほとんど存在しなかったのだ（ただし、現在では入札単価は高騰してしまい、新規参入はほとんど無理である）。

［有限会社ウエラ「空き巣対策」のホームページ］

「空き巣」というキーワードがある。検索数一万件以下の大変ニッチな言葉だ。

こういうネガティブな雰囲気のする言葉は、反応がよいことが多い。検索するシチュエーションが「興味本位で」とか、「なんとなく知りたいから」といった気軽な感覚で検索されることがないため、冷やかし客がほとんどいない。せっぱつまった「今すぐ問題解決したい」お客を獲得できる可能性が非常に高いのである。

「空き巣」の心配をしていないのに、「空き巣」と検索するシチュエーションはまず考えにくいでしょ？

有限会社ウエラの森下さんは、「空き巣」を心配している見込み客に、「防犯ガラス」を全国対応で提供している。非常にニッチな商売だが販売単価は高く、防犯意識が高まる最近のマーケットは将来性も抜群だ。毎日のように問い合わせ、注文があるという。売れる理由は、キーワードをうまく使いこなしているだけではない。もともと森下さんの会社は車の窓ガラスのフィルムコーティング、ボディーコーティングを主力商品としていた。この技術力を生かし、車とはまったく関係のないところからも新しく収益源を見つけたわけだが、商品の品質・技術力が素晴らしいので、防犯ガラスのお客さんが車のコーティングを依頼することも非常に多いそうである。

このような問題発生言葉としては、「不倫」「離婚」「相続」「破産」などが代表例。ポイントは、問題がと～っても深刻であること。「とても自分ひとりでは解決できない」と悩んでいる姿が目に浮かぶようなキーワードが、売れる言葉である。

パターン4 「秘密にしたい言葉」は売れる

キーワードで売れるビジネスの象徴のような存在が、「探偵」という言葉である。

検索数は六万件前後のニッチキーワードであるが、インターネットでは最も高い「値段」がついている言葉の代表格でもある。それだけお客の反応が取れる、ということだ。

あまり知られていないが、「探偵」という職業はインターネットによって一気に全国通販が可能となり、一躍ネットで売れる業界となった筆頭のような存在だ。

もともと彼らの商品は「情報」だから、通販は可能だったのだけれども、今まではいろんな障害があってむずかしかった。

例えば、奥さんが「だんなの浮気相手を調査してもらいたい」となると、名前、住所、そのほかいろんな基本情報を探偵会社に渡さないといけない。ところが、書類を送付したり電話のやりとりをしていたりすると、だんなにバレてしまうから、どうしても姿をさらして事務所を訪ねる、という形をとらざるをえなかった。

すると、どうしても「知人に見られたらどうしよう」「恥ずかしい思いをしたらイヤだな」と考えてしまい、いまいち依頼することにふんぎりがつかない。新規顧客が門を叩くには非常にハードルの高い業界だったのだ。

しかし、インターネットの検索エンジンが、一気に業界構造を変えてしまった。

携帯メールのやりとりだけで連絡、送金、情報の提供(写真画像も含めて)すべてが可能になってしまうから、顔をさらす必要がない。電話で声を聞かせることもない。だから、誰も事務所を訪ねる人なんていなくなってしまった。会う必要がなく、探偵社へのコンタクトが気楽にできるようになったため、依頼が飛躍的に増えているわけである。

そのうえ「情報」が商品だから、いくらでも通販が可能だ。千葉に住んでいる主婦が大阪の探偵事務所に依頼し、東京のエージェントが調査する、なんてことが日常茶飯事なのである。

あるいは、「転職」という言葉も検索エンジンの登場によってブレイクした市場だ。

あなたがサラリーマンで転職を考えたとしよう。転職先を探して、いざ応募をして面接してみようと考えると、これはかなりやっかいな問題であることがわかるはずだ。

なにしろ、あなたは月曜から金曜まで日中はびっしり仕事でスケジュールが埋まっているのだ。面接の日程を決める連絡を一体どうするのか？ 昼休みにこそこそ電話をしていたら同僚に聞かれてしまうかもしれない。転職希望先の資料なんて持ち歩いてうっかり上司に見つかったりした日には大変なことになってしまう。いや、そもそも転職を考えていることを、女房にも内緒にしたいんだ本当は。だから、おいそれと転職雑誌なんて買えない。

そう、だから、転職の仲介業はインターネットに異様なほど需要があるのだ。

メールのやりとりだけで面接の設定をエージェントが整えてくれる。だから、仕事を終えてからゆっくり自宅でやりとりをすればいい。ネットで探している限りは、何の物的証拠も残らない。だから家族にいらぬ心配をかける必要もない。こういうわけだ。

ネットの匿名性が威力を発揮する言葉はこのほかにも、たくさんある。

「脂肪吸引」などの美容整形業界、「キャッシング」「融資」などの消費者金融業界、「結婚仲介」などの結婚相談所業界などが典型例。

とにもかくにも、人に言えない、顔をさらすのが恥ずかしい、といった心理状態になりがちな言葉がネットの検索経由で異様に売れる。楽天にもAmazonにもこれらのサービスは売っていない。検索エンジン以外探しようがないのである。

ただし、確実にお客が取れるものの「秘密にしたい言葉」関連のビッグキーワードは超ウルトラ級の激戦区だ。利幅を高く取れるので、簡単にいうと儲かりやすいのである(転職が成功すると、仲介手数料は年収の三〇%程度を企業から獲得できる)。大資本が血みどろの争いをしていて、とても小資本で新規参入するのは不可能である。なんとキーワード広告のクリック単価は三〇〇〇円を超えることもあるのだ！

では、どうすればよいか？

これは市場を細分化していけばよい。

結婚相談であれば有名企業のようにマス的な展開をしない。ターゲットを絞りまくる。例えば、「国際結婚」をしたい人などは、意外と市場は大きいのだが、市場参入者はそれほど多くはない。アメリカ、ヨーロッパ、アジア、国別にすればいくらでもチャンスはある。

あるいは、年齢や年収で差別化してもいい。「セレブ合コン」が売れたのはそんな背景があるわけだ。または「エンジニアの人向けの結婚相談所」としてもいい(出会いが少ないから需要は高いはずだ)。

こういうふうに市場細分化をし、利益率の高いところで小さく成功してから、一気に大きな市場を狙うのは大変賢いやり方だ。基本的にノウハウは変わりないわけだから、実力をつけておけば資本を借り入れしても失敗する確率は低くなるからである。

[ゴムライニング、ゴムシートを扱うアスティックジャパン有限会社のホームページ]

パターン5 「業界専門用語」は売れる

大企業、大資本が絶対に入り込めないのがこのキーワード。もしもこの本を読んでいるあなたが、法人向けのニッチ業界の社長であれば、今すぐにでもキーワードマーケティングを展開すべきだ。

大変なチャンス、なのである。

「ゴムライニング」なる言葉が何を意味するのか、瞬間的にわかる人はきわめて少ないと思う。

ゴムライニングとは、「ゴムを金属やコンクリートの表面に直接加硫接着させて、耐食性・耐薬品性または、耐磨耗性を付加させる技術加工」のことをいう。恐ろしくマニアックな業界専門用語で、検索数も月間二〇〇くらいしかない。

しかし、よく考えてほしい。

一体誰が「ゴムライニング」とインターネットで

キーワード検索をするのか？

どう考えても普通の主婦が「あ～そういえばゴムライニングって最近イケてるのかしら？」などと**検索するわけがない**。

はっきりいって検索する人は「お客」か「業界の人」、この二種類しかまず存在しないといっていい。

だから、お客の成約率が高いのである。

事例のアスティックジャパン有限会社の平松さんは、パソコン初心者だった頃にホームページを独学でつくり上げた起業家。中国の企業と事業提携をして、ゴムライニングは世界最大級の施工能力と受注量を持っている。

業界専門用語「ゴムライニング」というキーワードで広告を出したところ、二ヶ月目に数千万円の大型受注を獲得できた。なんとこの間の広告コストはわずか八〇〇〇円である。

大事なポイントは、「検索キーワードの価値＝検索数の多さ」ではない、という点だ。

「検索キーワードの価値＝検索数×売上単価」である。法人向けの大口受注が見込まれるようなキーワードであれば、検索数は数百程度でも全然かまわないのである。

キーワード広告の市場では、「代理店」として、企業の広告の出稿を代理する事業があるが、こういった「超マニアックキーワード」では「請負業務」は成り立たない。広告にかかる費用が安すぎて商売にならないからだ。費用対効果が高すぎるところが、あだになっているわけだ。

[産業用エンジンを販売する三重発動機株式会社のホームページ]

だから、あまりにもキーワード量が少ない企業は請け負いを断られたり、請け負ってもぞんざいな扱いを受けることが多い。現実には、ロングテールの中にある膨大なニッチキーワードこそが、お客にとっても、企業にとっても大切なキーワードであるのにもかかわらず、である。

ほかにも、穴場の業界用語は、実は山ほど存在する。

「ロビンエンジン」なる言葉をご存知だろうか？

森林伐採の運搬機械用や、土地整備の草刈機などに搭載されている小型高性能エンジンのことだ。かなりのニッチビジネスである。当然、検索数はとても少ない。しかし、このような「業界専門用語」は、市場の関係者以外にはまず検索されることはないのだ。だから、反応率は信じられないくらい高い。三重発動機株式会社の北川専務は、技術色の強い会社にもインターネットの告知が必要と考え、とても緻密なマーケティング戦略を考えている先進的な経営者である。

こんなエピソードがある。

ある日、この会社に突然お客さんがやってきた。奈良県から二時間かけて車でわざわざ壊れたロビンエンジンを運んできたのだ。修理不可能なダメージを負っていたため、後日新品を用意することになった。「入荷次第お送りしますよ」という申し出をお客は断り、「モノが入荷したらすぐ連絡をくれ。取りにくる」と言い残し、去っていった。数日後に連絡をすると、またお客はわざわざ車でやってきて、三五万円のエンジンを現金で即座に支払い、あわてて帰っていった。

後日、お客さんに「どうして遠方からわざわざウチに来ていただいたんですか?」と聞いたところ、こんな答えが返ってきた。「他の業者がどこにあるのかわからなかったし、ホームページを見たところアンタのところは信用できそうだった。伐採した木を積み込む大型トラックが山のふもとで待っているから、もうとにかく急いでいた」。

私は、このエピソードに、クリティカル・キーワードの真髄をみる気がする。

世の中には、何らかの理由ですさまじくせっぱつまった問題を抱えているお客が、あなたの想像をはるかに超えてたくさんいる。そしてインターネットは、こういうお客こそがやってくる市場なのである。

今まではとてもつながらなかった深い悩みを持ったお客さんと、商売人が、「言葉」を通して一瞬にして出会うことができる。このお客さんは、北川さんの会社が救いの神様に見えたにちがいない。

「値段はどうでもいいからすぐ直してほしい、すぐ欲しいという、従来であれば考えられない買い方・修理を依頼されるお客様がとても増えました」と北川専務は熱く語る。

法人ビジネスの場合は単価が高額だし、新規顧客を開拓すればとても長いつきあいになることが多い。たった数千円の広告費で、将来長い関係を保つことで数千万円あるいは数億円を落とす顧客を獲得できる可能性があるのだから、法人向けにニッチなビジネスを行うにはキーワードマーケティングが最適の方法なのである。

「業界専門用語」は、何も法人向けだけではなく、消費者向けの商材にもたくさん存在する。

「タヒボ」というキーワードがある。検索数にすると一万件にも満たないニッチなキーワードである。特許取得の健康茶で、がんの患者の愛飲者も多い。私も健康のために愛飲させていただいているが、健康食品に興味のない人にとっては、まったく知らない言葉だろう。

「あまり知られていない言葉」をわざわざ検索するわけだから、やはり相当に反応率は高くなる。キーワード広告からの反応率はクリック率一〇%、資料請求率五%を超えることもある。

もともと株式会社タヒボ通販は、商品の良さを口コミで伝えてもらうオフライン戦略だけで

［株式会社タヒボ通販のホームページ］

十分な優良顧客を獲得できていた。しかし、「タヒボ」というキーワードを主体にインターネットに進出することで新しい顧客獲得の流れができたのである。実際に昨年のネット参入前から比較すると、顧客数は倍増している。

インターネットの世界では、口コミは大変な影響力を持つ。実際に良い商品であれば、「タヒボが健康にいい」と誰かがブログにでも書くことは十分起こり得る。問題はその情報を受け取った人たちがその後にどう動くのか、ということだ。

今まで聞いたこともない言葉であれば、かなり高い確率でその言葉を「検索」するはずである。安心できる「情報」が十分に得られてからでないと、人は購買行動に移れないからだ。

検索した結果の告知状況次第で売上額が変わる、というのはまさにこの瞬間にあるといっても過言ではない。検索結果の一番目立つ場所にリンクが張られていたら、情報が欲しい客はクリックする。そこで情報が十分得られたら行動に移る可能性が非常に高くなる。こういうロジックである。

このほかにも、「業界専門用語」は、たくさん応用が考えられる。例えば「抵当権抹消」などというえらくマニアックな法律用語。普通の生活を送っているサラリーマンにはおよそ縁のない言葉だ。この言葉の月間の検索数はわずかに四〇〇〇件弱だけれども、これまた検索するシチュエーションが死ぬほど限られることは容易に推測できるだろう。そもそも抵当権を持っている人間などものすごく限られるうえに、それを抹消しようとしている人が対象となれば商売にならないわけがない。しかも司法書士など古い体質の世界では、キーワードのマーケティングをやる競合は非常に少ないので効果倍増である。

「専門的な言葉」「あまり知られていない業界言葉」には、「必要としている客だけを効率的に獲得できる」大きなメリットがある(キーワード広告はクリックごとの支払いだから)。

条件は、言葉を通じて得られる顧客単価が高額であること。希少性のある言葉だけに、販売価格は思いきって高めにすることが、成功の鍵となる。

パターン6 「マニアックな趣味言葉」は売れる

『Shall we ダンス?』という映画をご覧になっただろうか。

役所広司扮するサラリーマンが社交ダンスにハマっていく日本アカデミー賞受賞作だ。ハリウッド版が昨年公開され、話題になった。リチャード・ギアが赤いバラを一本持ってエスカレーターを上ってくるシーンに痺れた女性も多かったようだ。私も大好きな映画である。

もし、あなたが映画のジェニファー・ロペスに憧れて、社交ダンスをはじめる決意をしたとしよう。さっそくダンス教室の門を叩いて先生の説明を聞く。よし！　さっそく明日からでもはじめてみよう。いや、待てよ。ところで社交ダンスのドレスってどこで買うんだろう。ジェニファーが映画のラストで着ていた、あの鮮やかな黄色のドレスで彼と踊る姿を夢みているのに！　絶対にダイエーには売っていないことは推測できる。伊勢丹だったらどうだろうか。いや、そんなもん売ってるの見たことないぞ。さてどうしよう？

[マリーズダンスドレスメーカーズのホームページ]

……そう、こういうお客は、インターネットで「社交ダンス　ドレス」とキーワード検索をするわけである。

マリーズダンスドレスメーカーズの今崎さんは三〇歳になる元スチュワーデスの起業家。メールと電話のやりとりだけで、全国へオーダーメードドレスという

「夢」を届ける。

決して大企業が参入してくるような市場ではない。古い業界なので競争も少ない。インターネットで若い人のセンスを刺激するようなライバルはまったくいないのである。キーワード広告への投資は月額一万円程度で、一着一五万円以上もするオーダーメードドレスを一〇人以上の新規顧客に販売し、二〇〇万円以上の売上を可能にする。

「社交ダンス」というキーワードは検索数三万件そこそこ。誰でも気軽にできる趣味とはとても言いがたいニッチな言葉だが、これまたビジネスになる確率が非常に高い言葉であることは容易に想像がつくだろう。少人数経営で賢くビジネスを運営するには、大変投資効率のよい言葉なのである。

もう一つ事例を紹介しよう。

「剣道」というキーワードがある。一〇万件近い検索数がある立派なキーワード市場だ。これまた大変趣味度合いが高く「興味のない人は絶対検索するわけがない」言葉である。

オーナーの田村さんは四〇歳の起業家。以前は「ウォンツ商材」である食品をネット販売していたが、思うような結果が得られなかった。その後、キーワード需要から新規ビジネスを模索し、リソースを生かして需要の高い市場へ方向転換をはかり、成功をおさめた。クリック率、コンバージョン率は事前の予測シミュレーションとほとんど同じ数字で推移した。

意外に思われるかもしれないが、剣道をやる社会人は多い。しかし、インターネットで防具

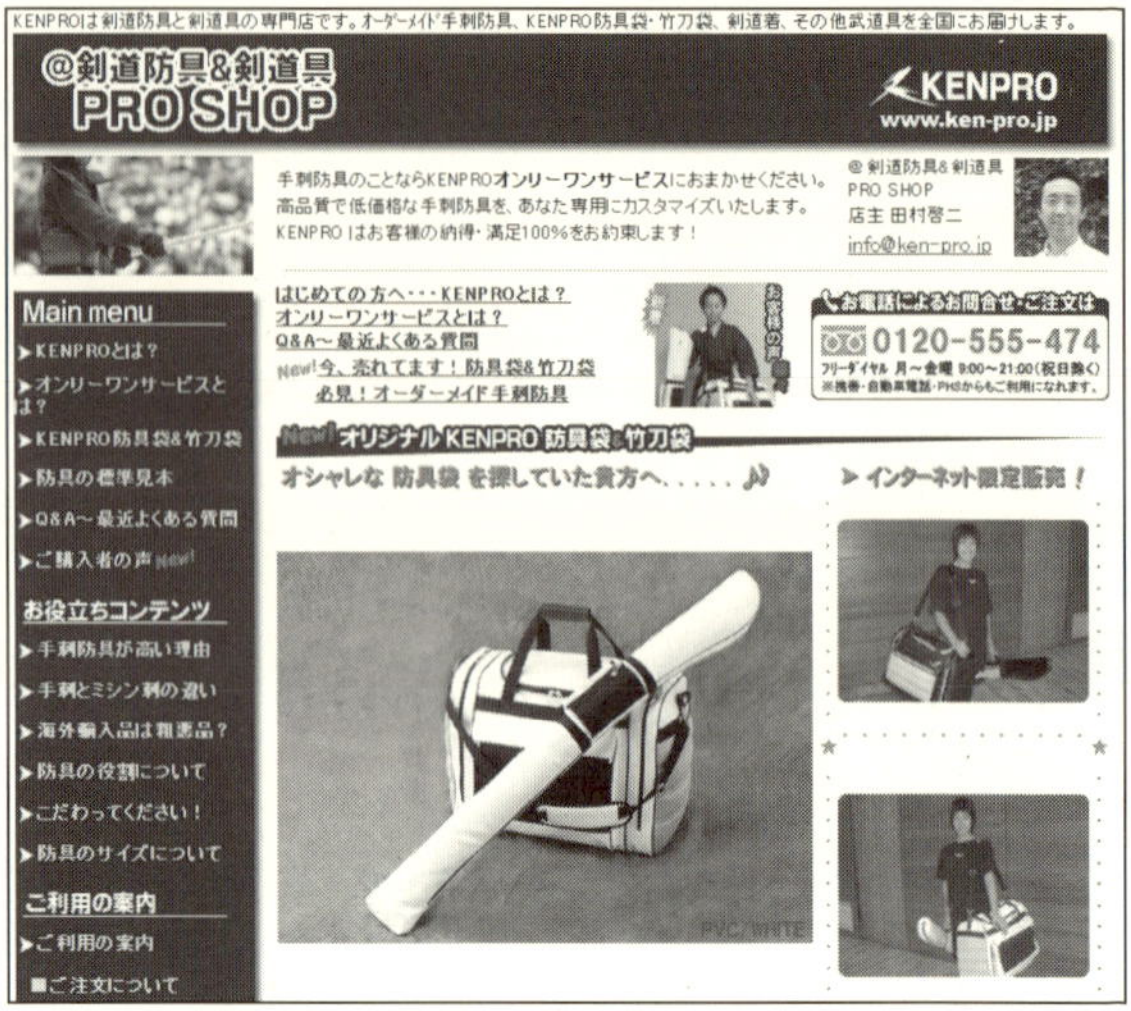

[@剣道防具＆剣道具PRO SHOPのホームページ]

や備品を専門販売するショップはきわめて少ない。また、社交ダンスと同じく、供給者側は古い業界体質なのでライバルは非常に古臭くてしょぼい。一方で趣味市場は、常に「若い世代」が入れ替わりで増えてくる。そのギャップを見事に埋めたわけだ。

剣道用具を一式に収納できる機能バッグをフロントエンド商品（お客さんが最初に購入する集客商品）として、より高額な防具セット（一五万円以上）も順調に売上を伸ばしている。

社会人がある程度お金をかけてやるスポーツ業界、マニアックな趣味業界はインターネットに非常にチャンスの多い、儲かる市場である。

本来、このカテゴリーの商売は、告知手段が非常に限られる。通常は趣味に応じた雑誌媒体くらいしか告知のしようがない。しかし、いわゆる雑誌広告は非常に割高なので（一回の出稿で数十万円はかかる）、反応があっても利益額を確保できない。だから、市場構造としては、非常に粗末な商品がバカみたいに高い値段で販売されているのが現状である。

ところが、インターネットと検索エンジンが市場構造をガラリと変えてしまった。ニッチ市場だけに市場は限定的だから、検索する人間も限定的。キーワード広告はクリック単価なので、広告費用が非常に低くてすむ。だから、ネット経由なら低いコストで顧客に良い商品を提供することが可能になる。

お客の側は、このような広告費の差や効率性を理解しているわけではない。だから、リアルの店舗や雑誌広告に出てくるような商品の値段と、ネット店舗の値段の差に非常に驚くわけである。

「こんないいものを、こんな低価格で提供してくれてありがとう！」

こんな喜びの声が絶えないのである。

業界が古臭くてインターネットに対応できていないことが多い(要するにダサイ)ところに、ちょっとセンスの良い人がマーケティングを勉強して新規参入すれば、すぐに市場ナンバーワンになることができる。羊の群れの中に狼が喧嘩を売りにいくようなもので、楽勝なのである。

パターン7 「インターネット言葉」は売れる

インターネットには、わけのわからないコンピュータ用語があふれている。

「ＣＧＩ」「フォームメール」「ｊａｖａ」「フラッシュ」「ストリーミング」……。こういった「ネット用語」は、実は売れるキーワードである。

なぜか？

理由は、ネット用語はインターネットで検索する以外、調べようがないからだ。情報収集の方法が非常に限られるのである。

あなたがインターネット初心者で「ブログって何だろう？」と考えたとしよう。親しい友達はみんなよくわかってない。親兄弟はもう最初から論外だ。自分は初心者だから、インターネットに詳しい知人はいることはいるが、わざわざこんなことを聞くのも気がひける。だから、パソコンに向かって検索をするわけである。

また、非常に大事なポイントとして、「インターネット関連の人間はマーケティングがへたくそ」という点がある。いわゆる技術屋あがりの人間が多いので、およそマーケティングとか顧客心理なんていうものを考えられない人たちが非常に多い。要するに「技術バカ」で、お客にわかりやすい言葉で説明しようといったことがまるで考えられないのである。

そして、最後の重要な点は「悩みが深い」という点である。キーワードでビジネスを展開するのに、「検索結果に書いてあること」で問題が解決できてしまうと商売にならない。その点「ネット言葉」は新規事業を起こすのにはうってつけのキーワード市場だ。

「検索結果に書いてある説明」自体がむずかしくて理解不能なもんだから、ネットユーザーは無料情報だけでは問題解決できないのである。

現在、私は「ホームページ作成」（検索数約一五万件）、「ＣＧＩ」（検索数約四万件）というキーワードでそれぞれ「自力作成マニュアル＋プログラム」を販売している。

どちらのキーワードもすでに競合状態にあるが、「自分で導入するノウハウ」を販売しているのは私だけである。クリック率は五％以上、コンバージョン率も一％を超え、常に新規顧客を増やすことができている。

インターネットで商売をする場合、ほとんどの人は「作成代行」「設置代行」といった請負業を考えてしまう。しかし、これだと全然儲からない。請負業というものは「大きな売上を提供してくれる企業クライアント」をつかまないと、手間ばかりかかってちっとも利益が上がらないのである。冷やかし客に見積もりを出しては成約せず、ようやく発注をもらったらクレームを言われて修正ばかり。しかもユーザーは結局使いこなせないので何の役にも立たないものができあがる。

実は、インターネットで本当に需要が大きいのは、「個人事業レベルのクライアント」である。彼らには、請け負いをやるのではなく「情報」を提供して自力でつくり上げることを支援してあげたほうがはるかに喜ばれる。

理由は簡単だ。「人に頼りたくない人」が独立企業や個人事業を経営するからである！

[「自力作成マニュアル＋プログラム」を販売]

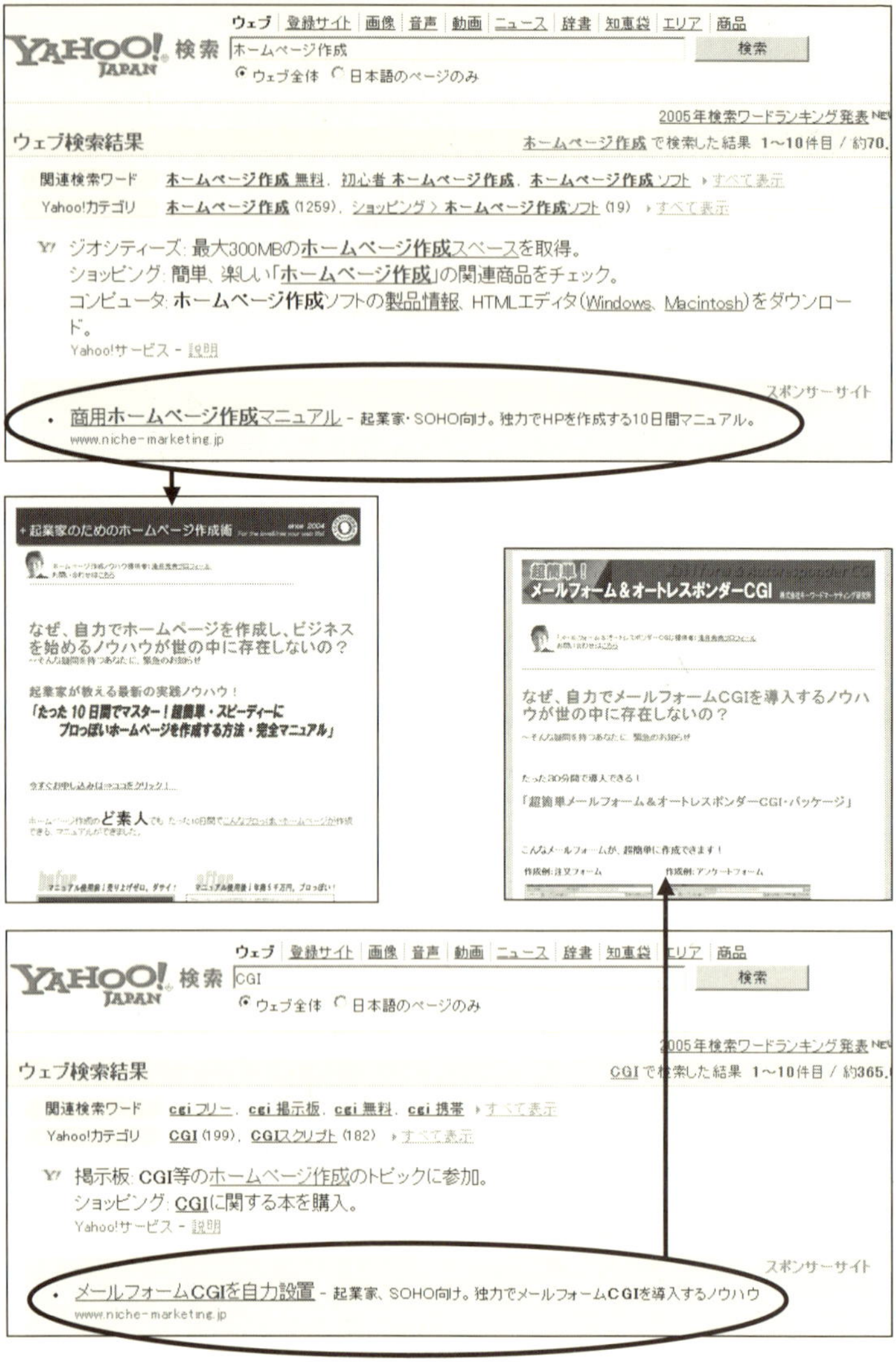

Yahoo! JAPAN検索画面より(www.yahoo.co.jp)

パターン8 「教育言葉」は売れる

朝日新聞の日曜版を見てほしい。

毎週のように「ペン字講座」「介護福祉士養成講座」などの「通信教育」の広告がでかでかと掲載されている。会社の名前は本当に無名なことも多い。なぜバカ高い新聞の全国版に中小企業が広告を掲載して収益が上がるのか？ もちろん、「利益率が高い」からである。利幅が大きいので知名度の低い会社でも広告費がペイできてしまうのだ。

インターネットビジネスは所詮通販である。「通信教育」のように、広告費を吸収できる「原価の低く、粗利が高い」商売は、もともと非常に成功しやすい。

キーワードとしては、「資格講座」「自己啓発」「留学」などだ。

[社会保険労務士試験合格加速マニュアルのホームページ]

「社会保険労務士」というキーワードの検索数は月

間一〇万件を超えるビッグキーワード。「社会保険労務士　試験」というニッチキーワードでも五万件を超える。

大手資格学校が激しい競争をしているなか、「現役社労士であり、受験指導の経験もある専門家の直接指導」を売り物にして、ほとんど広告費をかけることなく月商一〇〇万円以上を売り上げる社労士がいる。アクセス数のコンバージョン率は一％を超える優秀さだ。このマニュアル販売の実績をもとに、出版も予定している。本業とともに教育業も並行して行うカリスマ社労士である。

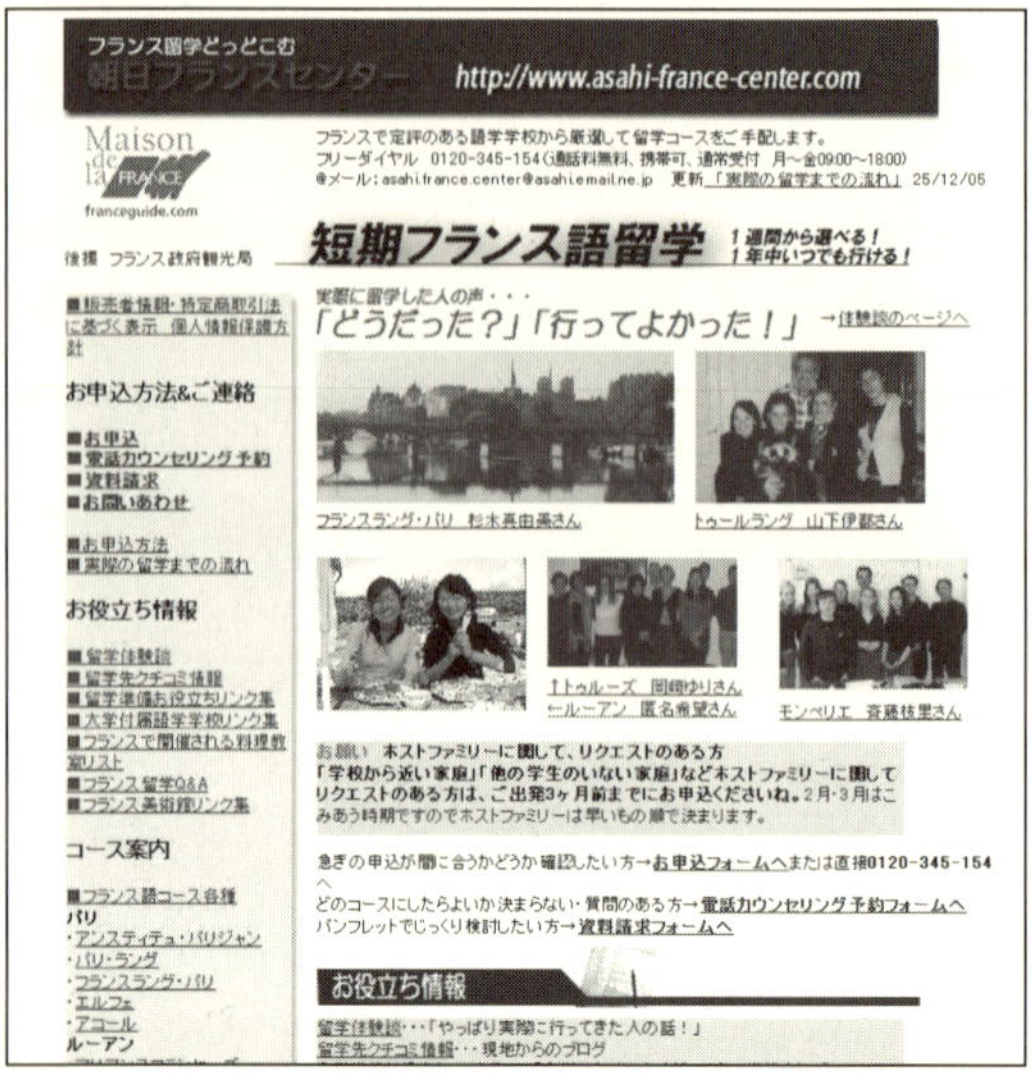

[フランス留学どっとこむのホームページ]

「留学」というキーワードはインターネットで大変需要のある言葉である。月間検索数は一〇万件前後。利幅を高く設定できるうえに需要も高いので、大手企業の競争も激しいが、ほとんどはマス的な「世界のどこでも」という切り口なので、ニッチな国への専門留学コンテンツは市場参入者も少なく、確実にお客の反応を得られるのである。

「フランス留学どっとこむ」のホームページ運営担当の三好さんは、ホームページの作成を担当するだけでなく、自らのフランス留学体験を生かして、「フランス留学」というキーワードを検索してやってくるお客さんの留学カウンセリングも行う。「フランス留学どっとこむ」の短期留学紹介を通して、本格的なパン職人になったり、フランスワイン製造会社に就職をする人たちの架け橋になっている。

「教育言葉」が売れる背景には、子供だけではなく社会人の教育への投資額が大幅に増えている現状がある。将来性は非常に高いニッチビジネスである。

教育に関しては、何も語学や資格、留学などだけではない。

インターネットにはお客は情報を求めにくるので、投資対効果の高いビジネスカテゴリーの「講座」「マニュアル」といった教材は非常によく売れる。不動産投資、株式、自己啓発モノ、速読、速聴、競馬、パチンコ……何でもありだ。

ただ、「教育言葉」のキーワード市場は大変競争が激しく、キーワード広告のクリック単価もかなり高騰している。いかにニッチな需要を見つけるかが成功の鍵である。

ビジネスに直結する最大の秘密言葉

以上、クリティカル・キーワードの8パターンを紹介した。

実は、さらにもう一つだけ、秘訣中の秘訣がある。クリティカルもクリティカル、というキーワードだ。

次にあげる言葉は、非常に投資対効果の高い、「確実にお客の反応が取れる」言葉の典型例である。とても重要な共通項が一つ存在する。何かわかるだろうか？

「浮気調査」
「結婚仲介」
「ホームページ作成」
「地震対策」
「空き巣対策」
「脂肪吸引」
「抵当権抹消」
「すし出前」
「美容整形」
「コンタクトレンズ通販」
「経理代行」

人間がインターネットで検索する言葉は何十万種類もある。組み合わせを考えると、何千万、というオーダーになる。

実は、この中で最もお金になりやすい言葉とは、「調査」「相談」「対策」「吸引」「代行」などの動作をあらわす言葉、**「アクション言葉」**なのである。

なぜか？

それは一言で説明すると、「アクション含み」の検索キーワードは、**「検索者が置かれている状況を簡単に推理できる」**からだ。

例えば、インターネットで非常に需要のある言葉、「バイク」の場合を考えてみよう。

[「バイク」で検索してみると……]

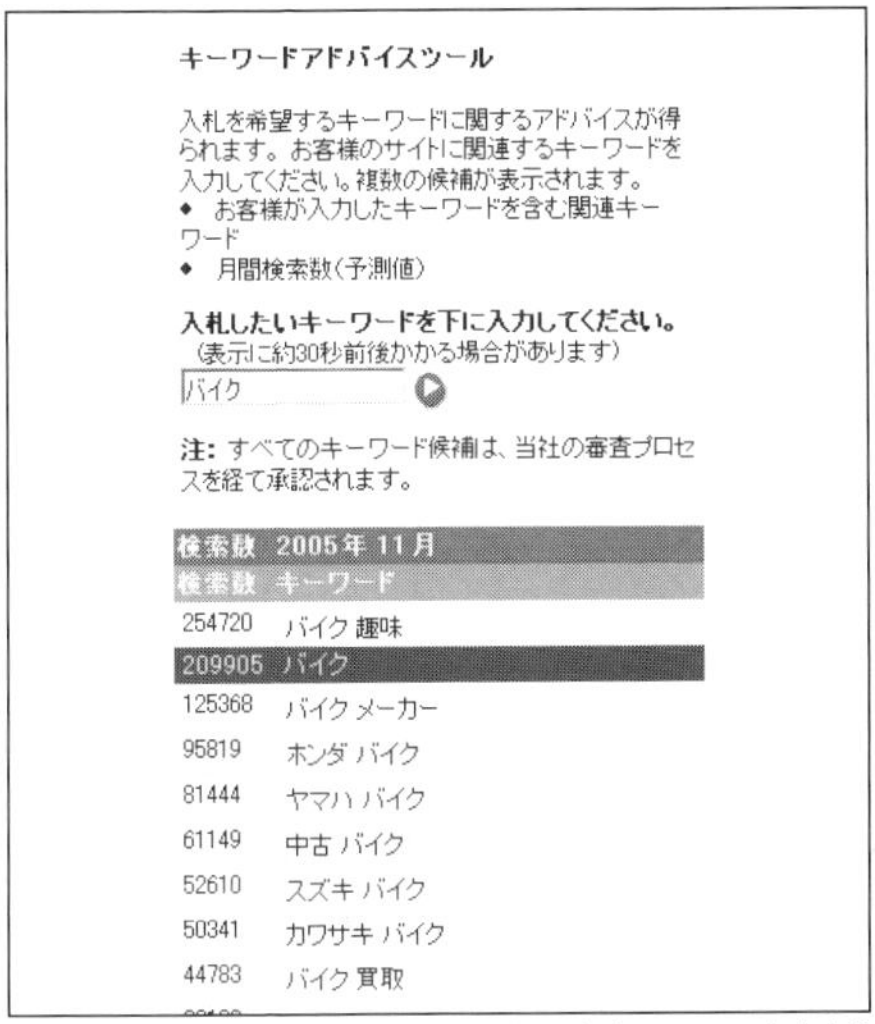
キーワードアドバイスツール
入札を希望するキーワードに関するアドバイスが得られます。お客様のサイトに関連するキーワードを入力してください。複数の候補が表示されます。
◆ お客様が入力したキーワードを含む関連キーワード
◆ 月間検索数（予測値）
入札したいキーワードを下に入力してください。
（表示に約30秒前後かかる場合があります）
バイク
注：すべてのキーワード候補は、当社の審査プロセスを経て承認されます。
検索数 2005年11月
検索数 キーワード
254720 バイク 趣味
209905 バイク
125368 バイク メーカー
95819 ホンダ バイク
81444 ヤマハ バイク
61149 中古 バイク
52610 スズキ バイク
50341 カワサキ バイク
44783 バイク 買取

（オーバーチュアのキーワードアドバイスツールより）

「バイク」というキーワードは、月間二〇万件以上検索される、かなりのビッグキーワード市場だ。また、「バイク　メーカー」「ホンダ　バイク」などの「モノを指し示す」言葉は、たくさん検索されている。

もしも、あなたがバイク屋のオーナーだったとしよう。あなたがいくらキーワード広告で一位表示させていても、SEO（検索エンジン最適化）に投資をしても、これらのキーワードで短期的に広告費用を回収するのは簡単ではない。

なぜなら、「モノを指し示す」言葉を検索するお客の頭の中は、非常にバラバラだからだ。いくらアクセスさせてもお客の購買行動に結びつく確率はどうしても低くなる。一般的に知られているメジャーなキーワードの場合は、それがもっと顕著になってしまう。

メーカーのカタログが欲しいのかもしれない。「バイク」が好きな人の集まるコミュニティを探しているのかもしれない。今は買う気はないけどなんとなく情報が欲しいのかもしれない。「ヤマハバイク」のイベントを探しているのかもしれない。バイクを持っている人、持っていない人。お客さんが置かれている状況は実にさまざまだ。

しかし、これが「バイク買取」となったらどうだろうか。

お客さんが置かれている状況は、きわめて限定的になる。

少なくとも「バイク買取」と検索する人が、「すでにバイクを持っている人」である可能性は非常に高い。さらに「何らかの理由でバイクを手放そうとしている」こともまず間違いなさそうだ。何の問題もなく、現在のバイクを所有することに満足しているのなら、「買取」などという言葉を検索することはまずありえない。

あるいは、「コンタクトレンズ」と検索されるケースを考えてみよう。

コンタクトレンズは、いろんな種類があるし、いろんなメーカーがある。

「コンタクトレンズ　ソフト」

「コンタクトレンズ　ハード」

「コンタクトレンズ　使い捨て」
「コンタクトレンズ　ボシュロム」

実は、こういった「モノ」の属性をいくら細分化しても、「すごく売れる言葉」にはならない。検索している人は、すでにコンタクトレンズを持っていて購入の常連者かもしれない。また、メガネをかけている人が、興味本位で調べているだけかもしれない。今すぐお金になる客かどうかはまったくわからない。

忘れないでほしい。「検索結果に書いてある情報で満足するユーザー」を相手にしていても、まったくビジネスにはならないのだ。

欲しいのは、検索したあと、すぐに購買行動に移ってくれるおいしいお客である。

では、一番ビジネスにインパクトのある「今すぐ買うお客が集まっている言葉」は何か？

それは、「コンタクトレンズ　通販」というキーワードだ。

どう考えても、まだコンタクトレンズを使ったことがない人が、いきなり「コンタクトを通販で買おう」と考えるシチュエーションは少ない。ほぼ一〇〇%、コンタクトレンズを現在利用している人、つまり高い確率でネットから購入する人が検索しているはずである。

アクション言葉の考え方は、非常に簡単だ。

「○○を○○する」

という語句にあてはまる言葉が、アクション言葉である。

「浮気を調査する」
「結婚を仲介する」
「ホームページを作成する」
「地震対策をする」
「空き巣対策をする」
「脂肪を吸引する」
「抵当権を抹消する」
「すしを出前する」
「美容を整形する」
「コンタクトレンズを通販する」
「経理を代行する」

私の商品の例でいえば、以下のようになる。
「ホームページ」のコンバージョン率＝〇・五％前後
「ホームページ作成」のコンバージョン率＝一・二％前後

検索数はあまり変わらず、どちらも一〇万件以上のビッグキーワードだが、「動作が入る言葉」がつくだけで、反応率は倍以上に変化する。これはつまり、キーワードの選択次第で売上が倍にも半分にもなる、ということである。

お客と企業側にズレがなければ、冷やかし客は少なくなる。よって、コンバージョン率は高くなる。キーワード広告で無駄な費用を支払う必要がない（クリックごとの課金だから）。SEO（検索エンジン最適化）に高額投資する価値も出てくるわけである。

お客の心を理解する力が、あなたを成功に導く

言葉は、人の「心」が生み出すものだ。

心は、他人が外から見ているだけでは決してわからない。

だから、人は言葉をつくったのだ。

キーワード検索をした人の広告反応率は、ロジックで説明できる。

しかし、人間が使う言葉は決して論理的にできているわけではない。むしろ、ロジックから対極にある存在といっていい。人の心と同様に、本来とても移ろいやすくて曖昧なものである。人の心は感情によってつき動かされる。だから、人がキーワードを検索する裏側には、必ず何らかの感情が含まれている。本章の事例として紹介したネットビジネスオーナーのみなさんは、そんな「言葉に含まれている感情」を理解し、お客の深い悩みに共感することができた人たちである。だからお客さんの支持を集め、感謝され、収益的にも成功をおさめることができたのだ。

「自分の商品をどうにかしてキーワードで売ることができないだろうか」と考えている限り、あなたの商売は決してうまくはいかない。

お客が入力する言葉の裏側にある「心」を理解してあげられるかどうか。

お客が持つ深い悩みを解決してあげる気概と自信があるかどうか。

ここが、クリティカル・キーワードで成功を導くための最大のポイントである。

第5章

キーワードビジネスを成功させる穴場の条件

KEYWORD MARKETING

穴場を狙え！

「クリティカル・キーワード」の基本原則とは、とにかく「検索エンジン以外探しようがない」」、というお客に発生している「問題」にフォーカスすることである。

ただし、多くの「問題解決系」キーワードの市場はすでに競争過多であり、新規参入はかなりむずかしい。脂肪吸引、消費者金融、バイク買取などのキーワードは、クリック単価が二〇〇〇円を超えることもあるのだ(あなたがワンクリックしたら、すき家の牛丼が六杯食える、ということだ)。

インターネットビジネスの新規顧客獲得単価は、五〇〇〇〜三万円はどうしてもかかってしまう。しかし、穴場を狙えば三〇〇〇円以下で新規顧客を獲得できる可能性もある。条件がそろえば、数百円で粗利五万円以上の商品の新規顧客を獲得することも夢ではない。

いかにして、「クリティカル・キーワード」の中で、競争のゆるい言葉」を探すのか？

本章では、このポイントを解説する。

穴場の条件〈その1〉――流行キーワード

あなたはこう考えているかもしれない。

「売れるキーワードには、すでに先行者がいっぱいで、とてもこれから新規参入するのは無理ではないか?」

なるほど、あなたの気持ちはよくわかる。

しかし、その心配は無用である。

インターネットのキーワード市場には、間違いなくチャンスはこれからも生まれ続ける。

その筆頭が、「流行」というファクターである。

例えば、世を騒がせた「アスベスト」というキーワード。

マスコミが事件を大々的に報道する以前は、月間一万件程度の検索数しかない、超ニッチキーワードだった。それが国の責任を問われるほどの大問題に発展すると、一気に五〇万件も検索される「超ビッグキーワード」に変化した。

インターネットの言葉の市場に突然、五〇倍もの需要が発生したわけだ。

新聞報道の直後は、キーワード広告を出している「アスベスト調査・除去」を受け付けるサイトは、たったの三社しかいなかった。五〇万件の需要のあるキーワードに広告を出していたこれらの会社は、毎日電話が鳴りっぱなしだったにちがいない。しかもクリック単価は一〇円。顧客獲得当たりの広告費用は一〇〇〇円を切っていた可能性すらある。

あるいは、前述の「地震」というキーワードも、新潟で大地震が起きる前はたった一社しか広告を出していなかったキーワード(最低単価九円ということ)だった。そして、その後半年くらいまではほとんど市場参入はなかったのである。

資本力がある大企業は往々にして動きが鈍重である。どんなに早くても、市場を検討してから実際にビジネスをはじめるまでには半年はかかる。

機動力のある小組織は、素早く顧客の需要の盛り上がりを察知し、大手が重い腰を上げて市場参入してくるまでに、顧客をできるだけかっさらっておく。小資本のスモールビジネスオーナーが大企業に打ち勝つポイントは、「ここにしかない」といっても過言ではない。

なぜなら、一度獲得したお客は、あなたが提供した商品・サービスに満足していれば、ほかの商品も必ず一定の確率で購入するからだ。あるいは、顧客から紹介が生まれて、新規顧客を獲得することができる。一度まとまった数の顧客数をできるだけ少ない広告費用で獲得できてしまえば、新規事業はあっという間に好循環が回り出すのである。

極端な話、「新規顧客獲得→既存客としてリピート購入(あるいは紹介)」の流れをしっかりつくっておけば、たとえその後に競争が激しくなって、新規顧客を獲得する広告費用が高騰したとしても十分事業は成り立つ。

アスベストの場合であれば「除去作業をすれば終わり」ではない。もしも公共団体の受注を一回取れれば、それが実績になって芋づる式に仕事は増えていく。なにしろ官公庁は実績を重視するからだ。

地震の場合であれば、十分クロスセル(他の商品を売る)することが可能だ。「地震対策グッズ」を購入するお客は、「災害の備えに敏感な人たち」である。一回きりの購入では決して終わらない。家具転倒防止器具を購入した人は、かなり高い確率で地震保険にも加入するはずである。さらに、住宅の耐震診断サービスからリフォームにまで発展する可能性すらある。

「流行はあっという間に終わってしまうのでは?」

この不安も心配無用である。一度形成された市場は、そうそう突然なくなったりはしない。市場はあなたが考えているよりもずっと複雑で、チャンスにあふれているのである。

「冬のソナタ」という言葉がある。

同名の韓国ドラマのヒットにより、一時期大変なブレイクをしていた検索キーワード。ピーク時には、楽に一〇〇万件を超える「プレミアム・キーワード」だった。

それから一年後、どうなったか?

確かに、検索数は減っている。一〇万件を下回るレベルまで、需要は落ち込んだ。しかし、検索数五万件を超えるキーワードは立派な市場。「もう誰もが知っている情報で、時代遅れでしょ」というようなキーワードでも、需要はしぶとく生き残る。

「冬のソナタ」の検索数の推移

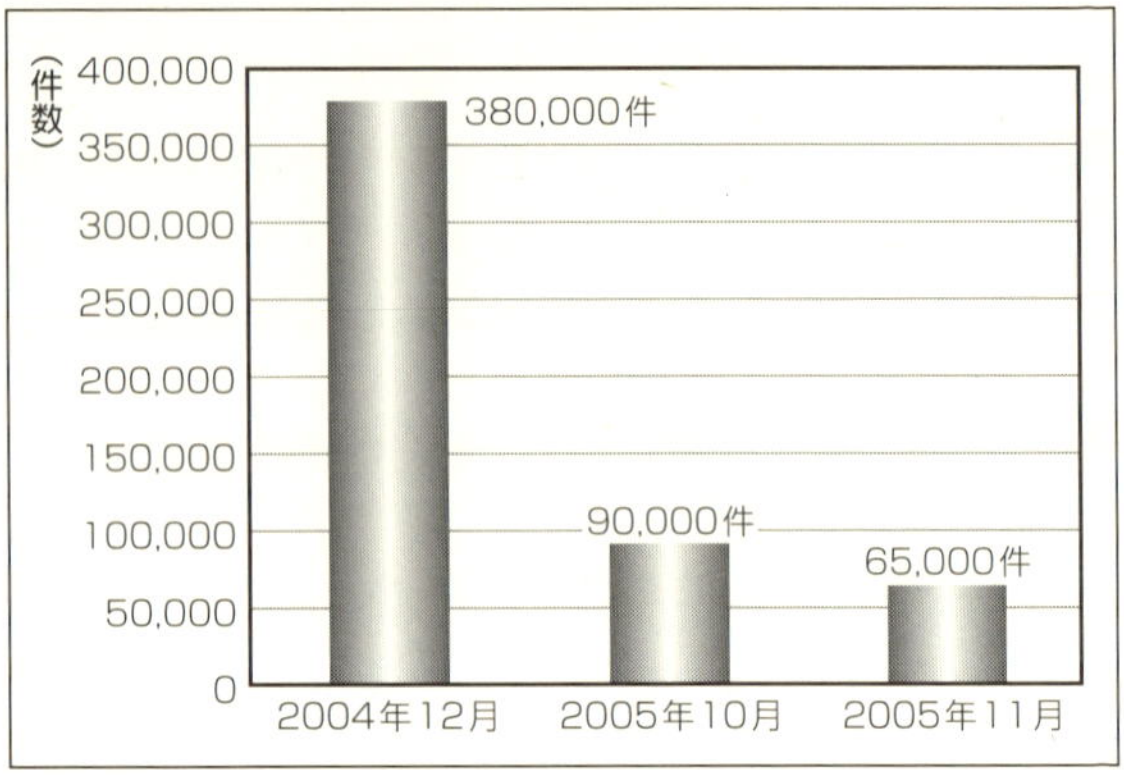
(件数)
400,000
350,000
300,000
250,000
200,000
150,000
100,000
50,000
0
380,000件
90,000件
65,000件
2004年12月
2005年10月
2005年11月

[オーバーチュアキーワードアドバイスツールより。数字のイメージをとらえやすいように、切りのよい数字にまとめている]

なぜか？　それはどんな流行モノでも、必ず「遅れて購入する」タイプの人がいるからだ。例えば、数年前に大ヒットした『金持ち父さん貧乏父さん』(筑摩書房)の本を、今でも新刊で購入する人は実にたくさんいるのである。

新規顧客獲得の波は延々と続くから、商売がいきなり立ち行かなくなることはない。需要が小さくなっても、それまでの顧客リストを使って他の商品・サービスを売ればよい。「冬のソナタ」グッズを購入した人は、かなり高い確率で映画『四月の雪』(韓国映画)のDVDを購入するのだから(Amazonの「この商品を購入した人は、こんな商品も買っています」を見ればわかる)。

「M&A」というキーワードも、ずっと穴場だった。ライブドア騒動で一気にキーワード需要が盛り上がった頃、キーワード市場に参入していた会社はたったの二社しかいなかったのである。テレビ報道をされているタイミングで一位表示をしていた会社は、数億単位のキャッシュと潤沢な優良顧客リストを獲得できたにちがいない。

穴場の条件〈その2〉——季節キーワード

あまり知られていないが、「季節モノ」のキーワードはたいてい穴場だ。とにかく強力なプレーヤーが少ないから出せば売上は上がる、といっても過言ではない。

「宝くじ」「紅葉」「花火」などが代表的なキーワードだ。

検索数が膨大であれば、一つの季節だけで、一年くらい食べていけるだけの利益を出すことも決してむずかしくはない。

ちなみに、ある年の「花粉症」というキーワードの検索数は、こんな感じで推移した。

一一月＝約三万件

一月＝約二五万件

三月＝約六八万件

冬から春にかけて、三万→二五万→六八万と増えていったわけだが、冬はもちろん、春にもキーワード広告を出稿するサイトはすごく少ない。たいてい市場に参入してくるのは二社か三社くらいで、あまり競争が起こらないのである。

どうも通年にわたって継続的に需要がないところには、参入しにくいようだ。

その気持ちはわからないではない。しかし、多くの人はマーケティング上、非常に重要な点を忘れている。

今年花粉症の人は、絶対確実に「来年も」花粉症だ、ということだ。

あなたが今年の二月に、「花粉を一〇〇％防ぐマスク」をキーワード経由で販売して新規顧客を一〇〇人獲得できたとしよう。そのお客たちに来年同じ商品をメールで告知する。だいたい一〇～二〇％は同じ商品が必ず売れるはずである。この場合の広告費はゼロ。原価を除いた利益をすべて獲得できることになる。

あるいは、別の商品を、別の時期に売ってもいい。季節によって、マーケティング戦略を考えてみる。一一～一月の時点では「せっぱつまったニーズ」は存在しないから、レーザー治療とか予防系の高額商品を売る。二～三月は、「現在起こっている花粉症を何とかしたい」という「今すぐニーズ」が大量に発生しているから、チタンテープなどの対処系の安価商品を売る。そして夏から冬は、お役立ち情報をメルマガ配信して客をつなぎ、さらに来年は広告費ゼロでより高い売上を上げる戦略を考えればいい。

このように考えれば、季節キーワードでも十分な売上を確保できることがわかるだろう。

「花火大会」も「宝くじ」も「紅葉」も同じである。

「花火大会」が好きな人は、ずっと花火が好きな人である。「宝くじ」を買う人は毎年買うし、「紅葉の旅」が好きな人は、ほぼ生涯にわたって「紅葉」を愛する人である。一度獲得した顧客から、さらに利益を得る方法はいくらでもある。

通販とは、広告への投資をすることで顧客リストを獲得して、その後は「顧客リスト資産」から、コストをかけずに利益を生ませていくことで成長する世界なのである。

穴場の条件〈その3〉——のほほん業界キーワード

穴場の条件三つ目は、「のんきな業界」である。

パパママストア。電話をかけてもろくな対応をしない、泥臭い、古い業界。努力しなくてもそこそこ売上が上がっている。間違ってもMBAを取得したエリートが参入するわけがない。そんな業界。

私が起業一年目に参入したペットビジネスはこの典型であった。IPO狙いのベンチャーも、大企業も決してやってこないニッチ市場。お客の需要はあるのに競合は吹けば飛ぶほどしょぼい。

今でこそ、競合がひしめくプレーヤーだらけの業界だが、当時はライバルサイトのペットショップに電話をしても、まともに「店名」を名乗るところはひとつもなかった。家庭用電話機で留守電になっていたり。信じられないほどゆるい業界だったのである。

しかも、消費者の知識が少ないのをいいことに、粗末な商品を信じられないくらい高い値段で売り、お客から利益をぼったくっている。誰もホームページ上でまともな情報提供をしていない。こんな状況だったから、顧客により良い情報を提供し、確かな仕入元から商品を供給することで、わずか三ヶ月後に日本一の売上を上げることができたのである。

業界に対する中傷にもなりかねないので、あまり具体的なキーワードはあげられないが、ヒントだけさしあげよう。ポイントは「頑固な職人」。

工事の職人。大工。ブリーダー。設計士。技術者。配線。芸術家。縫製。こんな人たちで成り立っている業界である。

穴場の条件〈その4〉――ネガティブキーワード

ネガティブの意味は、「商売をする側」が人におおっぴらに言いにくいキーワードだ。

転職、探偵、結婚仲介、というキーワードは、「検索する側」からすると秘密にしたい言葉だが、「商売をする側」にしてみれば、別に秘密にしなければいけないような商売ではない。むしろ格好良く見られることもある。

では、例えばこんなキーワードはどうだろうか。

「コスプレ」「コミケ」「ゴスロリ」

いわゆるオタク系の言葉だが、いずれも数万～一〇万件程度の大きなキーワード需要がある。

しかし、市場参入しているサイトはほとんどない。競争相手は皆無のはっきり儲かるキーワード市場である。しかし、わざわざ広告投資してビジネスをはじめるような起業家は残念ながら一人もいない。

あるいは、「産業廃棄物処理」「不用品回収」「カビ取り」。こういったキーワードも、確実にお客の反応が取れるキーワードだが、全国展開して年商一〇億円のネットビジネス起業を志す人はまずいない。

理由は、言葉がネガティブだから。それだけのことである。

私が言いたいのは、こういったキーワードに関連した業種には、決してハーバードでMBAを取得したエリートや、何十億と資本金を抱えた大企業はやってこない、ということだ。競争がゆるいので参入するだけで売上を上げられる。お客の満たされていない需要を満たし、社会貢献できるチャンスがあるのにもかかわらず、である。

広告とは、「六次の隔たり」を一次に近づけること

「六次の隔たり」という言葉がある。

私たち人間は、たった六人を介せば、世界中のどんな人ともつながることができる、という考え方だ。要するに、私も、あなたも、あなたのお母さんでも、例えばブッシュ大統領と会うのには六人を介せば十分、ということ。

実は、ビジネス的観点でいえば、この理論はこのように逆にも考えられる。

▶広告を出す意義とは

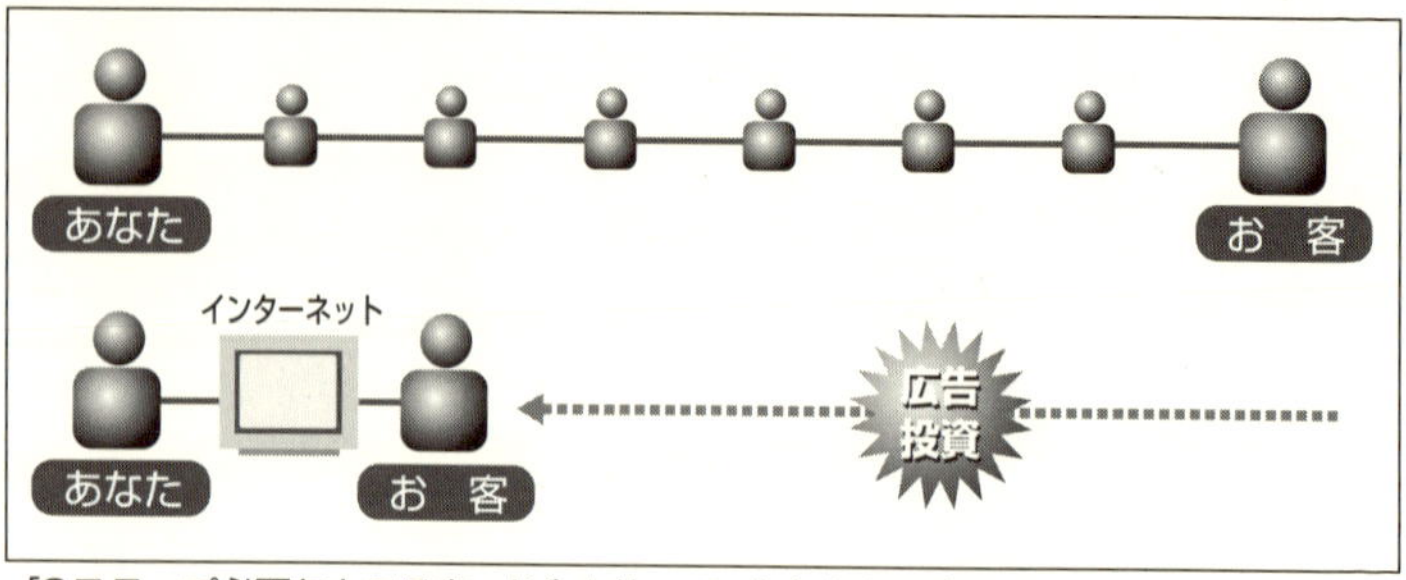

[6ステップ必要なところを、お金を払って、あなたとお客のつながりをできる限り1ステップに近づけていく。それが広告を出すということ]

「お客さんに、人づてであなたの存在を知ってもらうには、六ステップも必要になってしまう」

インターネットビジネスは、つまるところ「通販」である。通販は店舗を持たないのだから、絶対に宣伝は必要だ。スピード勝負の情報化社会では、人づてに頼って悠長に六ステップも踏んでいる時間はない。だから広告費に投資をする。

穴場の条件を満たすキーワードは、決して多くはない。

特に「流行」のキーワード市場は、大きな利益を数ヶ月で上げられるチャンスがある反面、チャンスの扉が閉じるのも実に早い。もしもあなたが、穴場の条件に参入することを決めたのなら、ぐずぐず考えずに広告投資を果敢に行ってほしい。取れるときにお客を取っておかないと、時間がたつにつれどんな穴場のキーワード市場もライバルが登場し、クリック単価は必ず上昇してしまうからだ。

従来であれば、「耐震問題」の事件が起こってから、「耐震診断」のサービスを新規事業で開始するとしたら、少なくとも半年の時間はかかっただろう。しかしネットなら一ヶ月で事業を立ち上げることも可能だ。あなたが専門家でなくとも「仲介サイト」を立ち上げ、言葉の市場に広告投資をすれば、たった一ステップでお客とあなたはつながることができる。たった数千円の「言葉への投資」が数千万円になって返ってくる可能性もあるのだから、やらないのはアホだ、ということだ。

「通販」とは、「一〇万円を広告に払ったら、いくら返ってくるのか？」を考える数字のゲームだ。月間一〇万円払って二〇万円利益が取れるのなら、「賭けたお金が確実に二倍になって返ってくる、絶対に負けないギャンブル」をやっているのと同じだ。すぐさまその儲けた二〇万円を広告投資する。そして四〇万円になったらそれを……というステップで倍々ゲームが成立しなくなるまで賭け続ける。一〇〇万円払って一〇〇万円しか返ってこなくなったら、投資額を抑え気味にすればよい。「通販でお金を失わずにお金を増やすルール」とは、ただこれだけのことなのである。

多くの起業家は、チャンスのときに攻めきる勇気に欠けてしまう。ものすごく低い顧客獲得コストでお客が取れていることに満足してしまい、もっと大胆に広告投資をすることができない。セコイ利益を守りたいがために、ビビッてしまうわけだ。

穴場で成功を勝ち取るために必要なことは、何よりも果敢な広告投資。これが鉄則である。

KEYWORD MARKETING

第6章

「言葉の市場」でライバルに圧勝する三つの方法

これまでの話をまとめよう。

まず、「検索エンジンで検索される言葉は、需要そのものである」というロジックを、一〇％一％の法則性で説明した。そのうえで、「売れない言葉」と「売れる言葉」があることを把握してもらった。そして、資金の少ない個人起業家、中小企業経営者が、できるだけ低いコストで新規顧客獲得を実現させるために「穴場の条件」を解説した。

方程式を理解する。

売れないキーワードを避ける。

クリティカル・キーワードの中から候補を選ぶ。

穴場の条件を満たす。

これだけでほぼ確実に安泰のビジネス参入を果たすことができる。適切な商材を提供すれば、事業開始年から無借金で年商一億円を達成することも十分可能である。

しかし、どんな穴場の市場も、いつかはライバルが出現する。キーワード広告のクリック単価もSEO(検索エンジン最適化)のコストも上昇していく。そんなときに何も考えずに商売をしていては、とうていライバルに勝つことはできない。

「言葉の市場」には、独特の競争戦略がある。打ち上げ花火が「ドン！」と派手に開くだけで終わらないように、長期的にビジネスを継続させる仕組みを何としてもつくり上げなければならない。

「言葉の市場」でライバルに圧勝する方法。
それぞれについて説明しよう。

①絶対に一位戦略

▼一位と二位のクリック率の差は三〇％

とにかく一位表示を獲得すること。キーワード広告にしても、SEO（検索エンジン最適化）にしても、まずは一位を取ることを必須目標にしてビジネスをしなければならない。検索結果は、一位が圧倒的にクリック数を集めるからである。

おそらく、インターネットビジネスを少しでもかじっている人なら、「どうも検索結果の一位が圧倒的にアクセス数を稼げるらしい」ということはなんとなく感じているだろう。だが、実際にどれくらいの差が生じるか、を把握している人はほとんどいない。

では、一体どのくらい差がつくのか？

具体的には、一位からだいたい三〇％ずつクリック率は落ちていく。一位が一〇〇人クリックするとしたら、二位は七〇人、三位は四九人、といった感じだ。

クリック率の例をあげよう。次ページの表を見てほしい。「ゴムシート」というキーワードは、

▶1位かどうかでクリック率が大きく違ってくる

検索キーワード	平均順位	インプレッション数	総クリック数	クリック率
ゴムシート	1	2562	268	10.46
ゴムライニング	2	746	46	6.17
シート　防水	3	4811	154	3.20

表示順位がずっと一位だった。ゆえに、クリック率は一〇・四六％。それに比べ、「ゴムライニング」は表示順位がずっと二位だったので、クリック率は六・一七％だった。さらに、「シート　防水」というキーワードは競合が多く表示順位がずっと三位なので、クリック率はぐっと下がって三・二〇％。

表示される順番が一位か、それ以外か、ということだけでクリック率がこれだけ変化してしまう。

同じキーワードで実験した結果もある。「ホームページ　作り方」というキーワードで一位の場合と、三位の場合をそれぞれ一ヶ月ごとにクリック率を計測した。その結果、一位は九・六％。三位は四・三％という数値になった。

一〇〇人検索する人がいる場合、一位表示させていればクリックする人は一〇人だが、三位表示ならば五人しかクリックしなくなる、ということだ。

もちろん、この数値はキーワードによって異なる。検索数が一〇〇にも満たないような超ニッチキーワードならクリック率は四〇％を超えることもある。

キーワード	順位	クリック率
ホームページ　作り方	1位	9.6%
	3位	4.3%

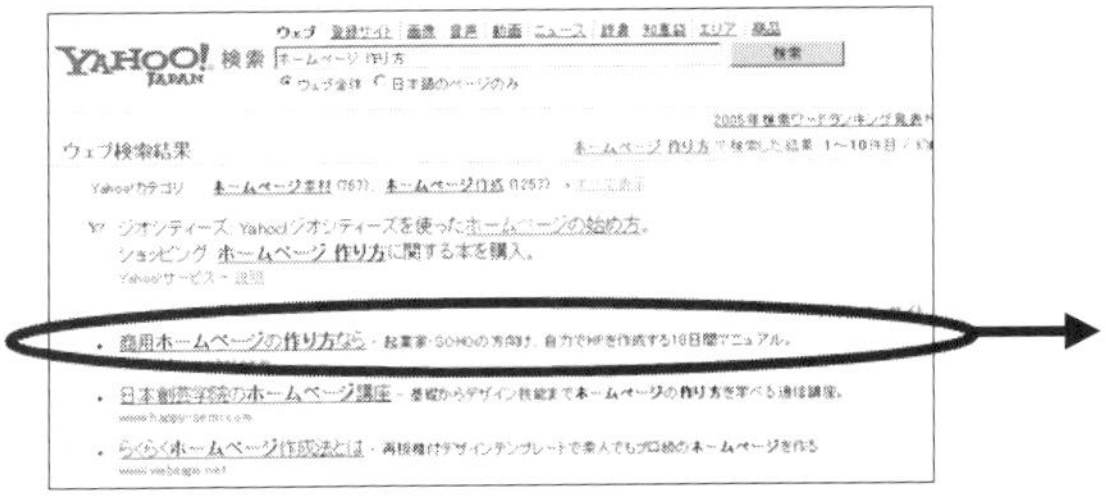
掲載順位1位なら、
クリック率＝約10％

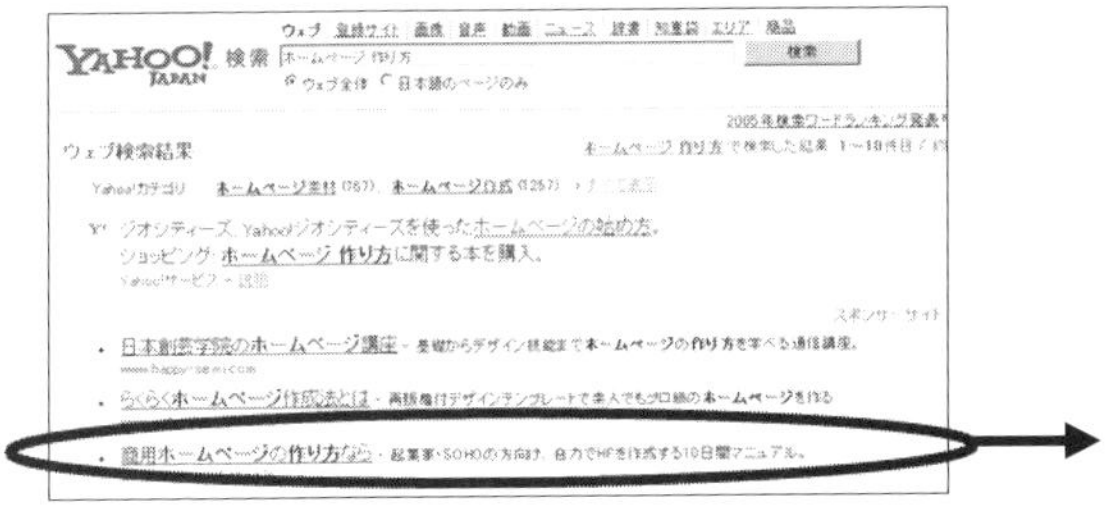
掲載順位3位なら、
クリック率＝約5％

Yahoo! JAPAN 検索画面より(www.yahoo.co.jp)

[同じキーワードを、異なった順位で、1ヶ月間ごとにクリック率を計測した結果]

逆に検索数が一〇万件を超えるビッグキーワードになれば、一位表示させていてもクリック率はせいぜい三%程度にしかならないことも多い。

しかし、確実にいえる重要なポイントが二つある。

一つ目のポイントは、どんなキーワードでビジネスをするにせよ、「一位表示に比べて二位以下の表示は絶対にクリック率が下がる」ということ。当たり前のようだが、きわめて重要なことだ。

なぜなら、二位以下に

表示させているサイトは、一位のサイトよりも確実にお客さんの数が減る、ということだからだ。もしも一位表示のクリック単価が一〇円で、二位表示のクリック単価が九円だとしたら、たった一円の差で、三〇％ものお客を奪われる。

つまり、わずかの金額を惜しんで下位の表示に甘んじているのなら、「お客がライバルに奪われているのを指をくわえて見ている」のと同じだ、ということだ。

二つ目のポイント。おおむね三〇％ずつクリック率が下がるとすれば、「最も機会損失しているのは二位」ということだ。最もクリック数に差が出るのが、一位と二位の差なのである。だから、一位と二位のクリック単価がほんの少しの差しかなければ、絶対に一位を取らないと大幅に損をするということになる。

▶表示順位によるクリック率の目安

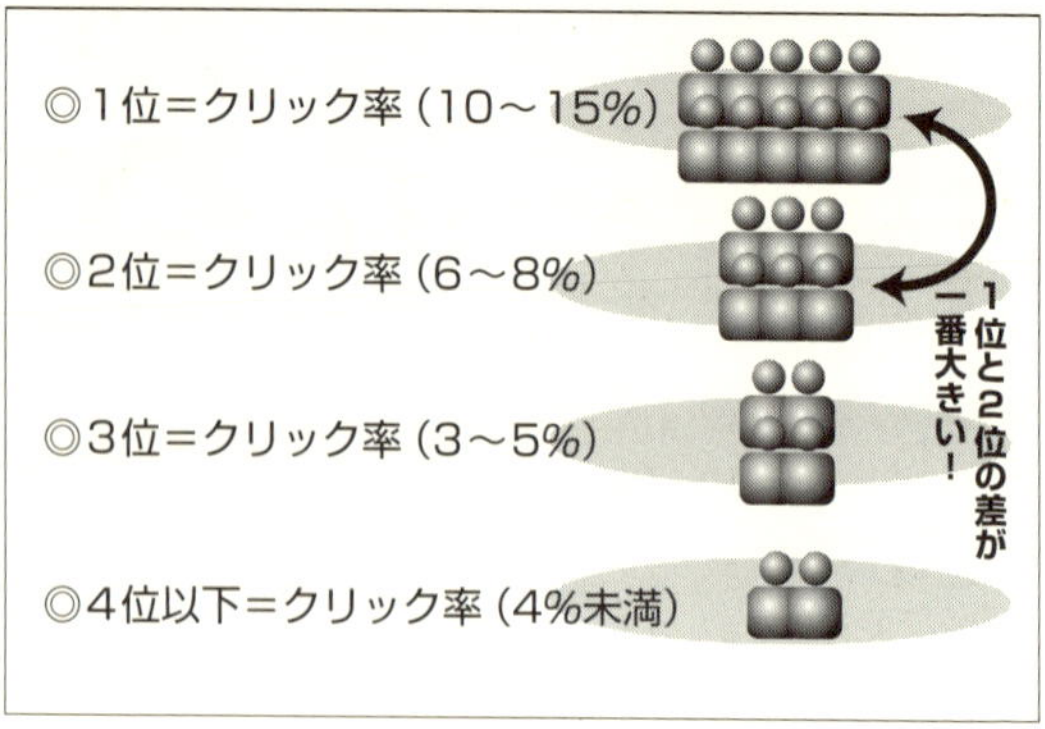
◎1位＝クリック率（10～15％）
◎2位＝クリック率（6～8％）
◎3位＝クリック率（3～5％）
◎4位以下＝クリック率（4％未満）
1位と2位の差が一番大きい！

しかし、どうしてこのように「一位が圧倒的な数を稼ぐ」構造になるのだろうか？

検索結果のクリック数は、決して次ページの図の上のグラフのようになだらかに落ちていくわけではない。必ず、下のグラフのように、「掲載上位の少数が圧倒的にクリック数を稼ぎ、掲

▶掲載順位とクリック数

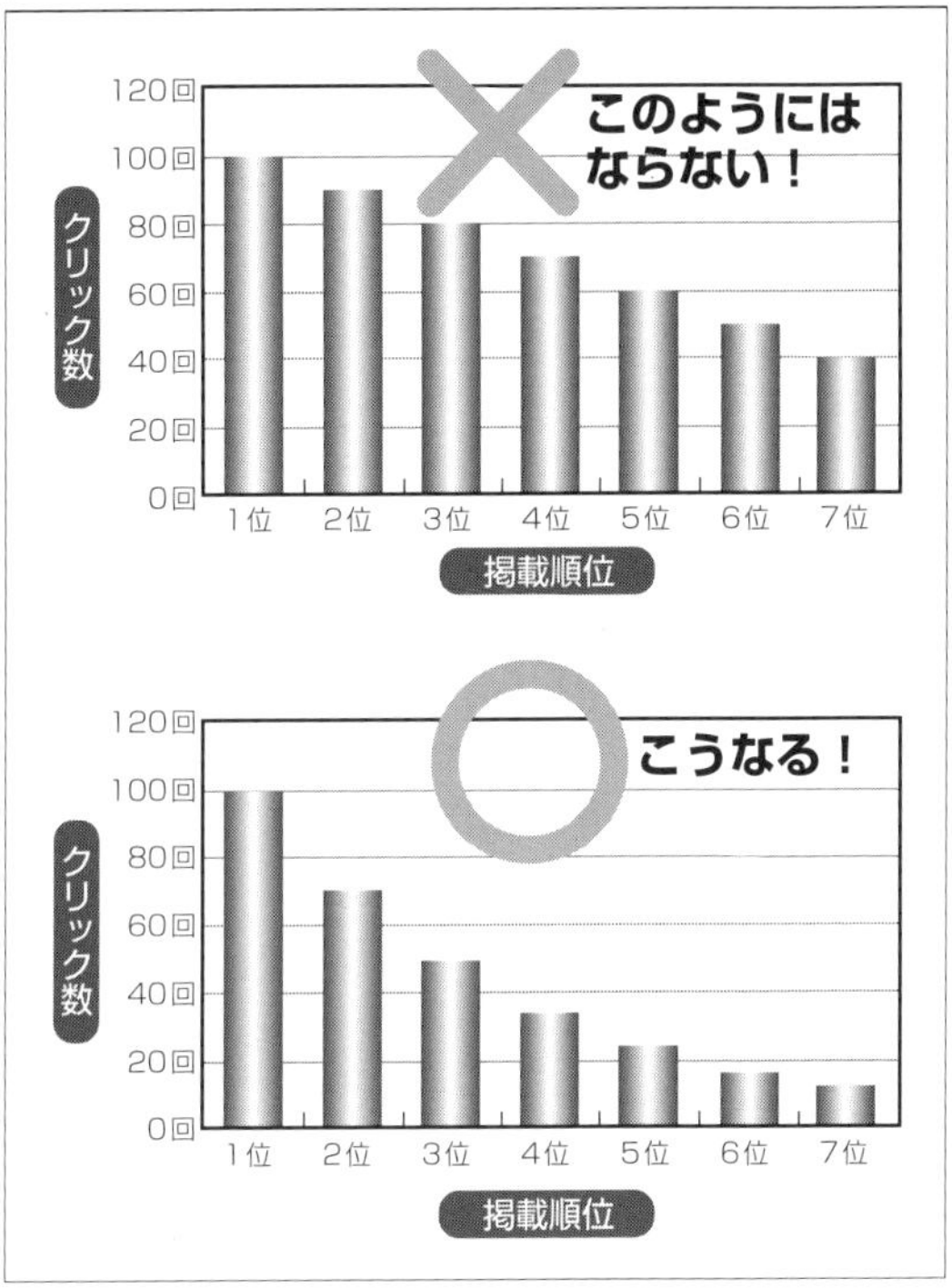

載下位の大多数はわずかなクリック数」になってしまう。

アメリカのエイクオンティブ社によれば(Atlas, http://www.atlassolutions.com/)、「検索連動型広告の掲載順位一〇位のクリック数は一位の一〇分の一以下」という分析レポートが出ている。順位が落ちるにつれて、三〇%ずつクリック率が落ちていくと仮定すれば、このレポートと共通する法則性がある、ということだ。

▼インターネットは「べき法則」に従う

実は、このような「少数のほんの上位が突出して数を稼ぎ、大多数の下位が少数を分け合う」

▶『ユリシーズ』の英単語の出現頻度グラフ

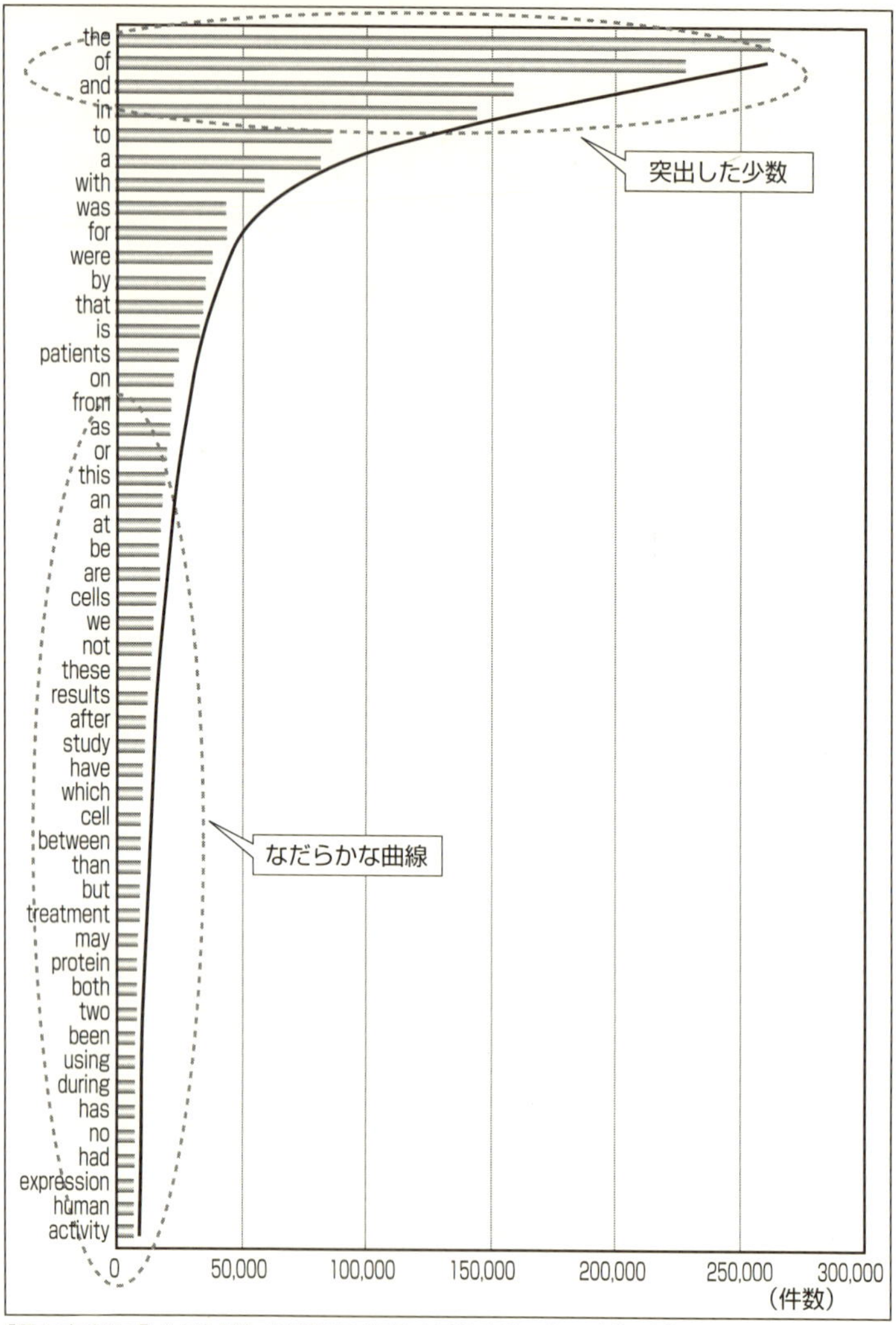

［最も有名な「べき法則」。英単語の出現する確率は、「the」「of」「and」などの「突出した少数」以外は、下になだらかな曲線を描いていく］

特徴を持つ自然法則を、「べき法則」という（別に言葉は覚えなくていい）。

あまり知られていないが、「べき法則」は、いろんな現象にあてはまる自然法則である。例えば有名な「英単語の出現頻度」。ジェームズ・ジョイスの有名な『ユリシーズ』という長い小説に使われた二六万四三〇〇個の英単語と、いくつかの新聞記事の四万三九八九個の英単語を洗い出し、その出現頻度を調べたところ、前ページのグラフのようになったそうだ。

つまり、

● 「the」「of」「and」などのわずかな少数が全体で突出している。

● 出現順位が下がるほど、下になだらかな曲線を描いていく。

という結果となったわけだ。

序章で説明した、「検索キーワードの検索回数と順位」のグラフもこの構造にあてはまる。「2ちゃんねる」「Google」「楽天」などの少数キーワードが突出して、あとはなだらかになっていく関係とものすごくよく似ていることがわかるだろう。

もっと身近な例でいえば、プロスポーツの個人成績なども面白い。全米プロゴルファーの獲得賞金額ランキングと順位をグラフ化すると、次ページのような「べき法則」となる。「タイガー・ウッズ」などの飛び抜けた実力を持つごく少数のプレーヤーが圧倒的に稼ぎ、五人目くらいから以降はわずかな賞金額しか稼げない。ほとんど差のない「どんぐりの背比べ」になっていく。

▶全米プロゴルファーの獲得賞金額ランキング

順位	選手名	獲得賞金額（米ドル）
1	T.ウッズ	8,592,674.00
2	V.シン	7,307,669.00
3	P.ミケルソン	5,609,025.00
4	D.トムズ	3,656,213.00
5	J.フューリック	3,577,435.00
6	K.ペリー	3,426,655.00
7	C.ディマルコ	3,210,712.00
8	R.グーセン	3,185,275.00
9	S.ガルシア	2,642,458.00
10	F.ファンク	2,598,524.00
11	P.ハリントン	2,357,406.00
12	J.レナード	2,322,716.00
13	A.スコット	2,288,242.00
14	L.ドナルド	2,221,695.00
15	D.ラブⅢ	2,096,796.00
16	S.オヘアー	2,026,262.00
17	S.バーブランク	2,012,863.00
18	B.メイフェア	1,921,615.00
19	T.クラーク	1,818,237.00
20	Ba.ブライアント	1,797,752.00
21	P.ロナード	7,784,004.00
22	J.M.オラサバル	1,723,727.00
23	J.オギルビー	1,701,173.00
24	Z.ジョンソン	1,698,521.00
25	S.アップルビー	1,696,732.00
26	T.バーディ	1,687,823.00
27	G.オギルビー	1,670,253.00
28	B.ファクソン	1,630,410.00
29	E.エルス	1,627,184.00
30	T.ペトロビック	1,595,854.00

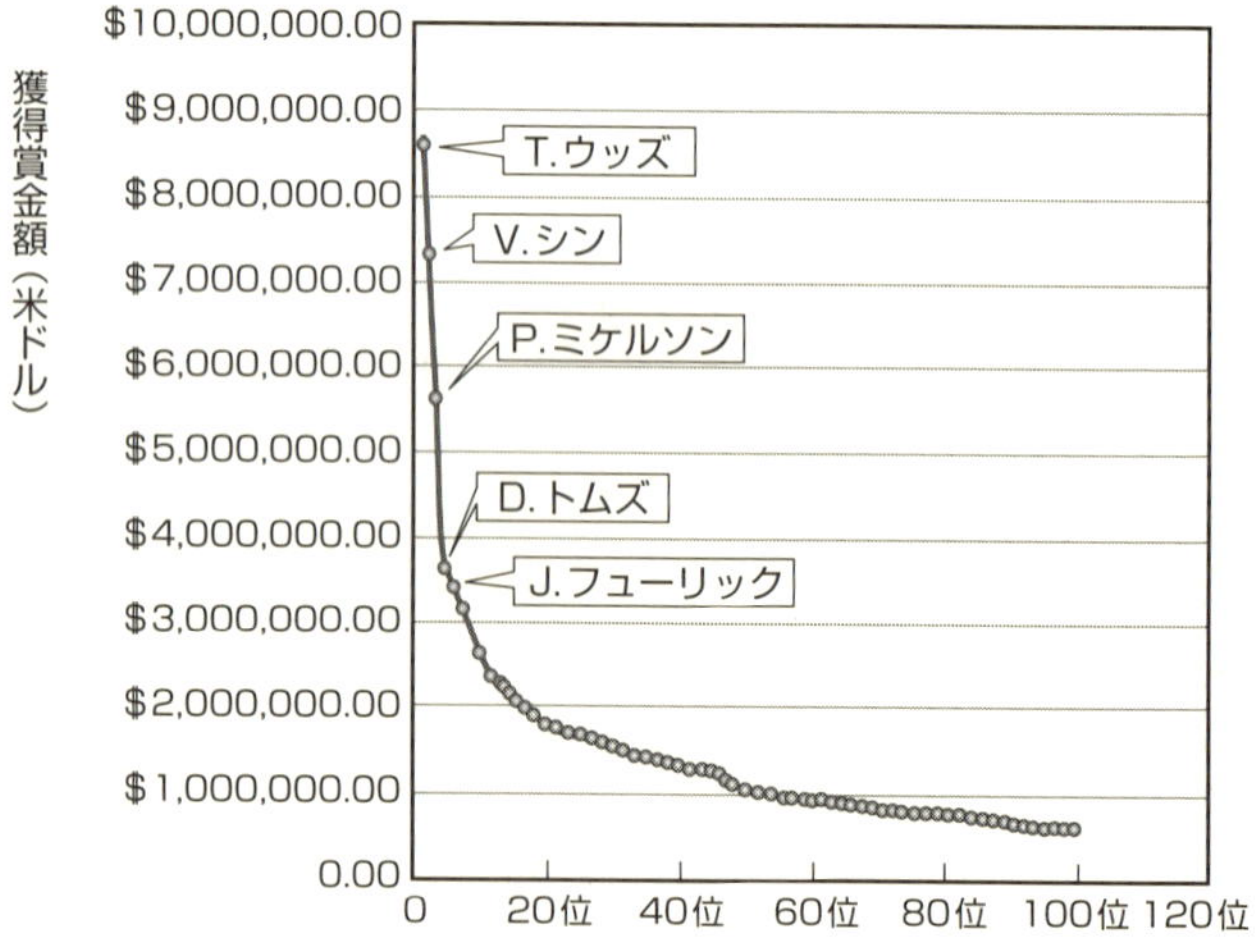

「べき法則」は、このほかにも、いろいろあてはまる。

例えば、所得分布なども間違いなく「べき法則」である。ごく少数が莫大な富を稼ぎ、大多数は少ない所得で我慢している、となる。

なぜ「べき法則」になるのか？

かなり大雑把に説明すると、「物理的な制限のない、ものすごく数値の大きいものと最小単位のものが同時に存在できてしまう世界」では、このような法則性が生じる。

これは「べき法則」の反対概念、「正規分布」を考えてみればわかりやすい。例えば、人間の身長はべき法則にはならない。どんなに巨大な男でも身長五メートルの人間はいない。人間の大きさに物理的な制限がなければ、地球が壊れてしまう。駅前商店街の集客数も、「べき法則」にはならない。物理的に駅を利用する人の数は限られるし、駅前の店の数にも場所的な限界があるからだ。

しかし、プロゴルファーの賞金額には制限は別にない。タイガー・ウッズの銀行口座に振込まれる金額の桁が八桁だろうが、二十桁だろうが誰も困らない。言葉の数も同じ。別に言葉の種類が一億あってもこの地球は存在できる。とんでもない差があるのに、まったく同じ世界に同時に存在することができている。こういう世界は「べき法則」が成り立つ。

そして、インターネットは、「べき法則」が支配する世界である。ネットには「とりあえず立ち上げてみたけどアクセスはほとんどない」サイトは、ほぼ無限に存在する。同時に、一日に数億ものアクセスを稼ぐヤフーやGoogleのようなサイトも存在する。

ホームページの数は、世界中に八〇億とも一〇〇億ともいわれている。しかしその物理的なデータをおさめるハードディスクはものすごく小さいものにおさまってしまうのはご存知のとおりだ。ホームページの数が一兆になっても、地球はぜんぜん困らない。五〇階建てのビルが一〇個もあればおさまってしまうだろう。物理的な制限はないも同然。だからこのような「べき法則」の曲線を描く。

つまり、こういうことだ。

われわれが住む三次元世界の多くは、平均的なものが多く占められた状態になっているのではない。

「圧倒的に大きく稼ぐ極端な小数グループ」と「わずかな稼ぎの平凡な大多数グループ」が共存する世界なのである。

▼アクセス数一位の中の検索結果一位が圧倒的なシェアを持つ

もう少しビジネスに役立つ具体的な話をしよう。

日本語サイトのトラフィック順に並べれば、次ページの図のようになる。

ヤフーとGoogleが突出していて、あとは「どんぐりの背比べ」状態になっているのがわかるだろう。当然、「べき法則」があてはまるわけだ。

▶アクセス数の例＝Alexaによる日本語サイト・トップ20をグラフ化

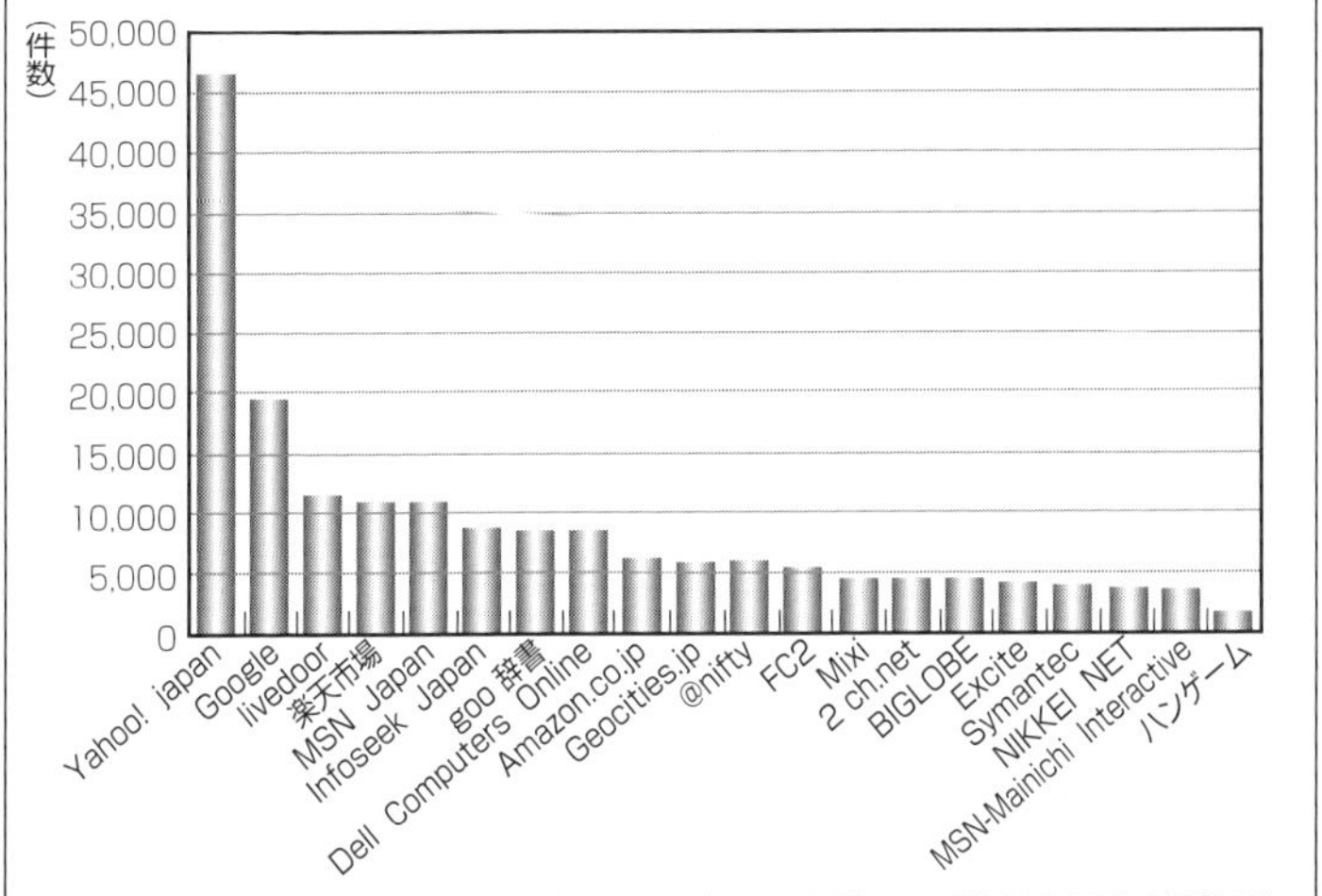

※数値は100万人ごとの過去3ヶ月平均リーチ数（2005年1月時点）

多くの人が目にする場所に広告を出すのはビジネスの王道である。ヤフーでもGoogleでも、ほとんどの人はキーワード検索をする。そして、MSNやライブドア、ニフティ、ビッグローブなど主要なポータルサイトの検索結果は、オーバーチュアとGoogleアドワーズが九〇%以上のシェアを握っている。だから、キーワード広告は有効なのだ。

そして、大事な点は、検索結果のクリック率は、一位が圧倒的なシェアを取れる、という事実だ。だから、穴場のキーワードを発見したら、絶対に一位を取らなければならない。

つまり、こういうことだ。

インターネットの世界は、「少数の上位が圧倒的に人を集める」世界。だから、まずは

インターネットと「べき法則」

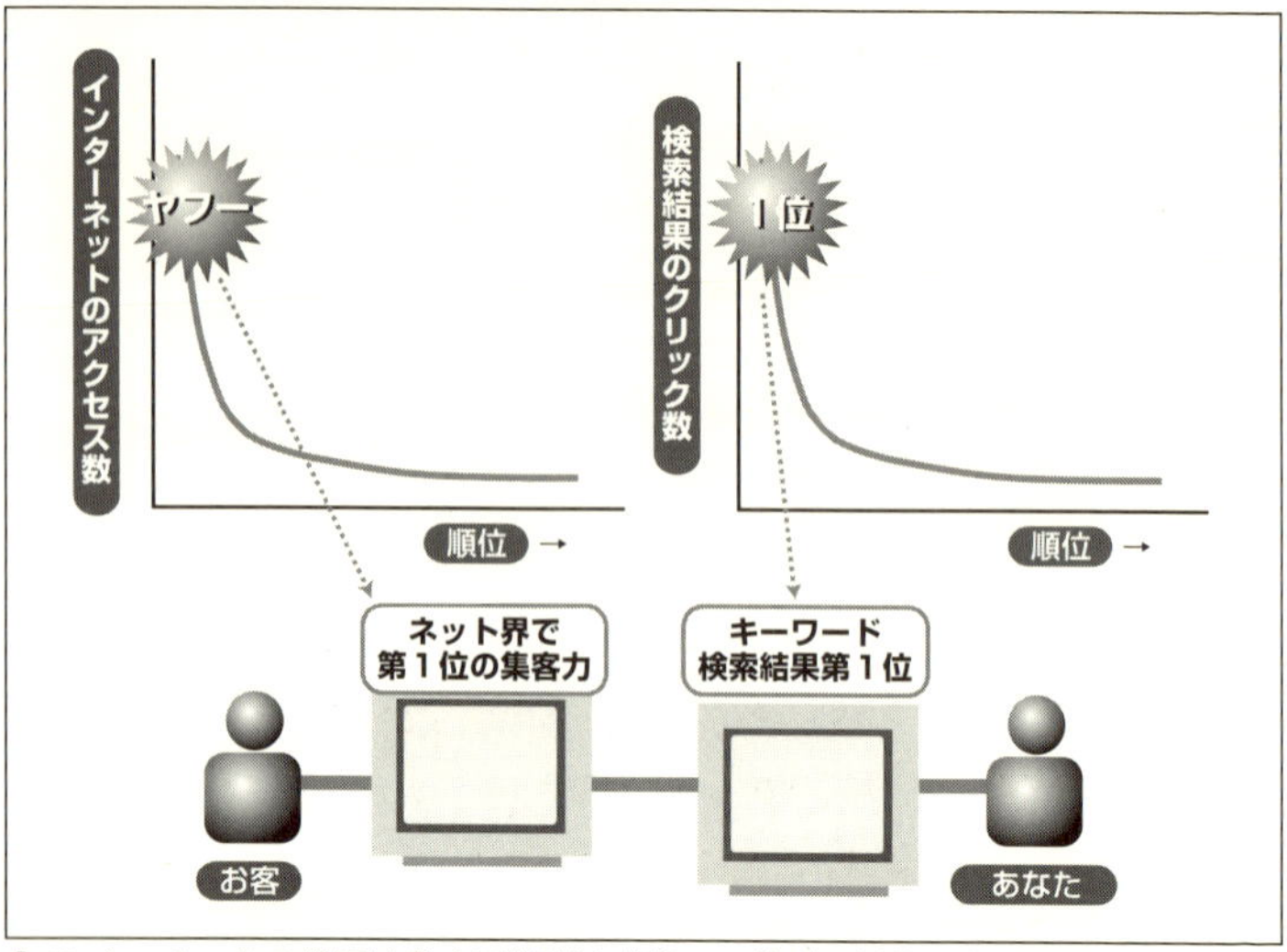
インターネットのアクセス数
ヤフー
順位→
検索結果のクリック数
1位
順位→
ネット界で
第1位の集客力
キーワード
検索結果第1位
お客
あなた

[インターネットの世界は「べき法則」に従う。1位が圧倒的に人も信用も集める。だったら、ネット界で1位の集客を誇るヤフーの、キーワード結果1位に告知すれば、いとも簡単にお客を獲得できる。実にシンプルなロジック]

圧倒的に人が集まっているヤフーやGoogleなどの検索エンジンに宣伝広告を出すことを考える。

次に、穴場のキーワードがあったら、検索結果一位にキーワード広告を出す。これで、供給者であるあなたと、一度も会ったことのない新規のお客さんが、わずか2ステップでつながる確率が爆発的に高まることになる。

しかも、ヤフーやGoogleといったアクセス数のトップサイトは、知名度があり信用を持っている。だから成約率も高い。儲かる。こういう図式である。

いわばインターネットの世界におけるヤフーとGoogleの検索結果は、ビジネスの場として最も肥沃な土地だ。そして、その土地の攻防は、大雑把な陣取り合戦ではない。

二〇〇〇万以上もある「キーワード検索結果ページ」に分割された「局地戦」である。検索結果の第一位をめぐる争いは、コンバージョン（成約）率が高くユーザーの支持を受けることができれば、一文なしの起業家が資本金一〇億円以上の大企業にだって打ち勝つことが可能になる。

古来から局地戦はスピードとやる気に勝る小組織が、大組織に打ち勝つことを可能にしてきた。織田信長が、桶狭間で今川の大軍を破ったのは、局地戦だったからだ。

一度参入を決めたら、絶対一位を獲得する「断固たる決意」を持ってビジネスを行うことである。

「言葉の市場」を攻略するための、最重要ポイントである。

②広告費が高騰してもキャッシュを枯らさないビジネスモデル

「言葉の市場」は、検索結果の第一位表示をめぐる狭い場所での競争だ。

最大のリスクは、競争者が増えた瞬間に広告費が高騰してしまう点にある。

新規顧客から得られる利益で広告費をカバーできなくなった瞬間に、手持ち資金がなくなってしまうようでは、ビジネスオーナーとしてあまりにも準備不足である。一体どのようなビジネスモデルなら、キャッシュを一円たりとも枯らすことなくビジネスを安定させることができるのか？

その疑問にお答えしよう。

▼高い金額を堂々と請求しよう

インターネットビジネスは、早い話「通信販売」である。店舗や営業マンを必要としないかわりに、広告宣伝が絶対に必要になる。

お金を使わずに集客ができたのはもうとっくの昔の話で、現在ではお客のインターネットでの買い物に対する抵抗感が減った反面、どこを向いても競争者だらけ。とても無料で人の目に触れさせることは不可能である。

SEO（検索エンジン最適化）による、検索エンジンへの上位表示も、決して無料ではない。人的コストは必ずかかるのである（たとえあなた自身がやっていても、だ）。

次ページの図を見てほしい。

「商品単価」と「市場規模」を二次元マップに落とすとこのようになる。

● 「高額な商品」とは、一万円以上が目安。

● 「マス市場」とは、何も考えずに気軽に買える商材というイメージ。Amazonや楽天で必ず売っている商品、といえばわかりやすいだろう。

「ネットショップ」「ネット通販」というと、多くの人は右下のゾーン、「低額なマス市場」を考え

▶キーワードビジネスで狙うのは

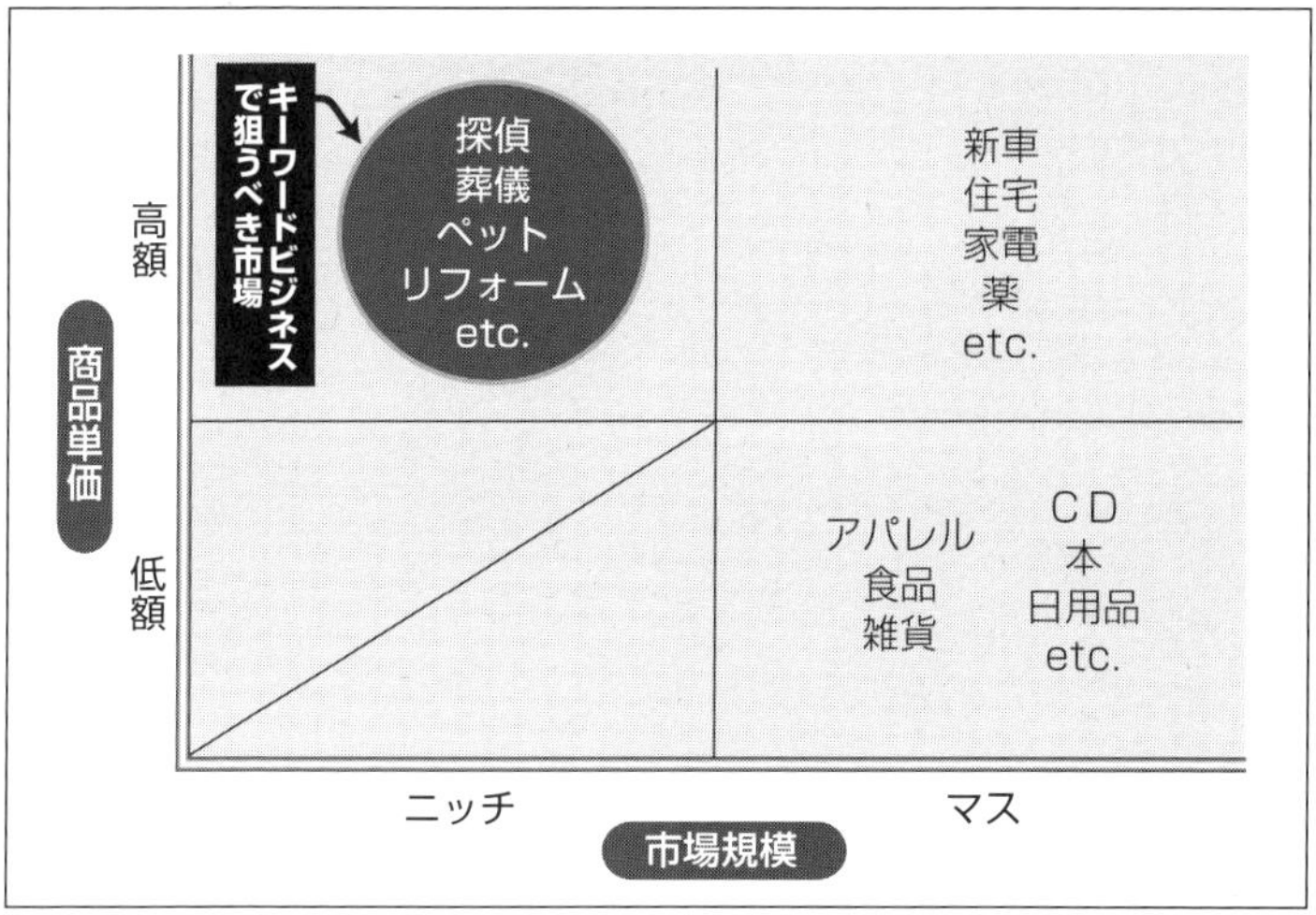
キーワードビジネスで狙うべき市場
探偵
葬儀
ペット
リフォーム
etc.
新車
住宅
家電
薬
etc.
アパレル
食品
雑貨
CD
本
日用品
etc.
高額
商品単価
低額
ニッチ
マス
市場規模

てしまうだろう。このカテゴリーは私たちが毎日のように接する商品で、しかも簡単に仕入れや製造ができるので、起業・新規事業を考える人は本当に安直にここを目指してしまう。

これが本当に大きな誤りなのだ。

インターネットで年商五〇〇〇万円以上を目指すならば、どんな商品を販売していても新規の顧客獲得のための広告コストは五〇〇〇～二万五〇〇〇円くらいはかかってしまう。どんなに需要があって競争者が少ない穴場の市場であっても、あなたがどれだけ優秀であっても、顧客獲得コストを五〇〇〇円以下にするのはよほどの好条件に恵まれないと無理だ。

こんな状況で、資本の少ない中小企業や個人が新規参入するのに「五〇〇〇円以下の商品」を売っていたら、即座に資金ショートしてしまうのは目に見えている。「低額なマス市場」は、車や住宅を販売するような「高額なマス市場」よりも、インターネット市場への参入はむずかしい。少なくとも一〇〇〇万円以上の資金と一年以上の赤字は覚悟しなければならない。

では、中小企業や個人が小資本でキーワードビジネスを成功させる場所とは？

もちろん左上のゾーン、「高額なニッチ市場」ということになる。商品単価は一万五〇〇〇円以上。原価を除いた粗利益は最低でも九〇〇〇円以上必要だ（粗利率六〇％以上）。

このゾーンを目指す理由は二つある。

一つは、「新規顧客から得られる利益で、広告費を吸収できる」からだ。

ざっくばらんに言えば、お金をかけずにさっさと儲けられるのである。

第4章で説明した、「売れるキーワード」に対応する商品・サービスは、すべて高額商品ばかりである。最低でも一万五〇〇〇円の単品販売レベル。オーダーの社交ダンスドレスなら一五万円、二〇万円は当たり前だし、中古車を購入すれば五〇万円はかかる。転職の紹介が成立すると、企業側から年収の三〇％が仲介手数料として支払われる。

これぐらいの高額になると、新規の顧客獲得コストである五〇〇〇～二万五〇〇〇円の広告費は粗利（売上から原価を引いた分）で十分ペイできる。

もともと、ニッチビジネスは、「少数の深い悩みを持つ人」のために存在する。大企業が提供する大雑把な「最大公約数的」商品では満足できない消費者のために、問題を解決してあげるスーパーマンなのである。お客さんは高いお金を払っても十分に感謝をしてくれる（嘘だと思うのなら、第4章で取り上げている事例の方々のホームページにある「お客様の声」を見てほしい）。

むしろ、必要以上に値段を安くすると品質に不安を感じて売れなくなってしまうことすらある。

ニッチマーケットのプレーヤーは堂々と高いお金を請求しなければいけない。

そう、孤高のヒーロー、ブラック・ジャックのように。

▼「1フォーム型ビジネス」が奇跡を起こす

もう一つ、高額なニッチ市場を目指すべき理由がある。

それは、「高額商品でお客の反応を獲得するのは決してむずかしくない」という点である。

ちょっとしたクイズがあるので、考えてみてほしい。

インターネットビジネスに新規参入する場合、はたして次のA、Bはどちらが達成しやすいか？


A＝三〇〇〇円の子供服を新規顧客一〇人に販売する。

B＝三〇〇〇万円の中古マンション購入希望者を一〇人集める。


答えはB。実は、高額商品の問い合わせを得るほうが圧倒的に簡単である。

インターネットで「モノ」を直接販売するのは、本当にむずかしいのだ。「お金を払う」という行為は、たとえ数千円でも必ず「痛み」を伴うのである。ちょっとでも不安があったら決していきなり購入することはない。新規参入者であれば、名前も知らない会社なのだから信用を得られないのはなおさらである。

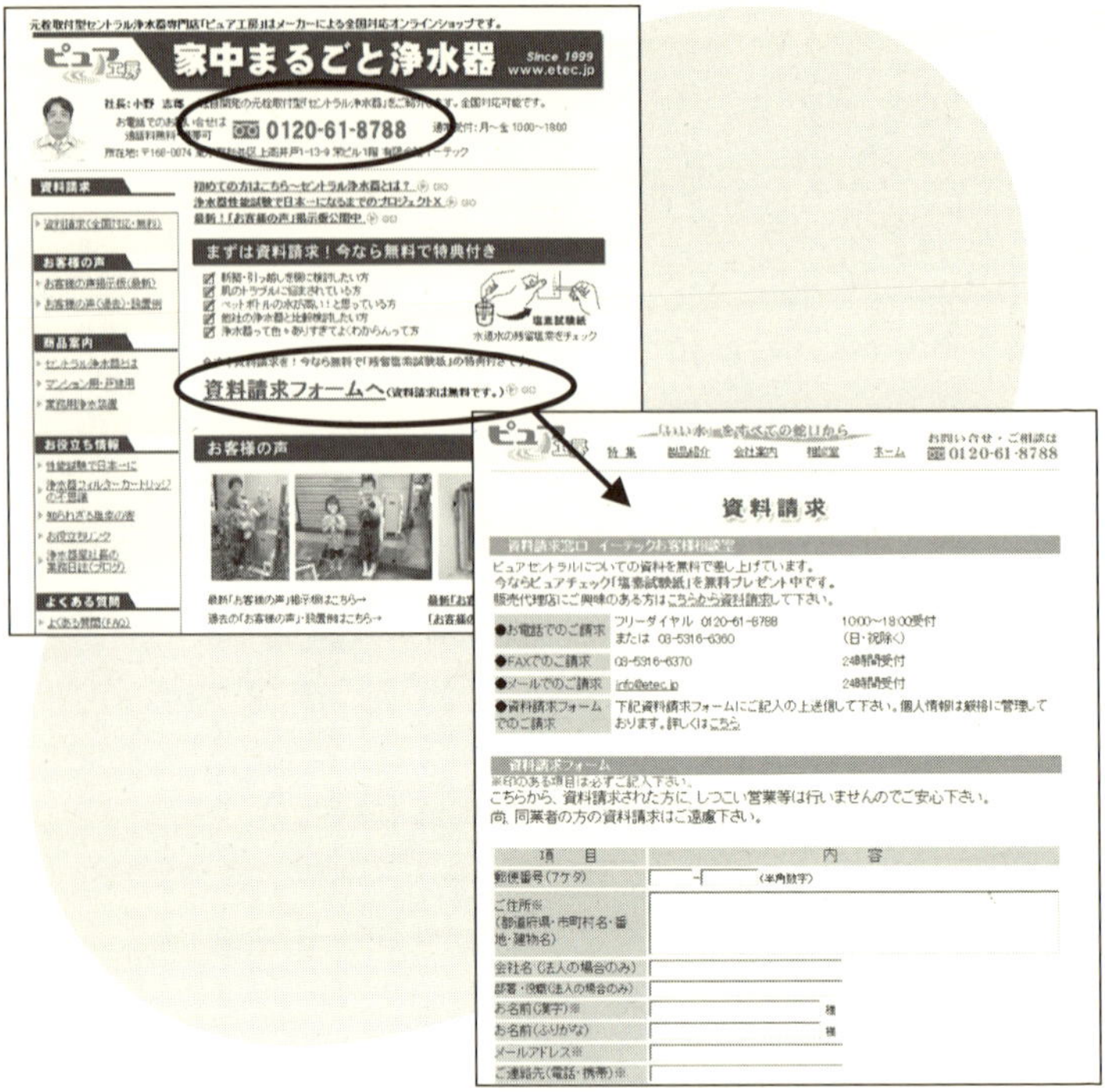

［有限会社イーテック「家中まるごと浄水器」のホームページ］

しかし、これが「問い合わせ」「資料請求」という形であれば、ハードルは急激に低くなる。

上の画面は、「セントラル浄水器」という検索数千にも満たないニッチキーワードだけで月間二〇〇万円以上を売り上げる、有限会社イーテックのホームページ。小野社長は自らホームページを作成するが、プロ顔負けのデザインセンスを持ち、資料請求は毎日獲得できている。

扱う商品は三〇万円前後の高額なもの。当然、ボタン一つでいきなり購入するお客はいない。資料請求、もしくは電話での問い合わせという2ステップのビジネスモデルだ。

検索エンジンのキーワード検索からやってくるお客は、このような高額なニッチ商材を販売するほうがはるかに効率よく獲得できるのである。

インターネット上にはすでに八〇億を超えるホームページが存在する。その中から、お客さんはキーワード検索をして、あなたのホームページにたどりつくのである。アクセスしたお客の何割かが購入するのは当然ではないか。

しかし、そう簡単にお客は購入してくれない。なぜか？

お客がホームページ上で何らかのオファーをしてくれない最大の理由は、「欲しいものがない」からではない。「不安だから」行動しないのである。買ってもいいけど「不安を打ち消すだけの材料が足りない」のだ。

資料請求、問い合わせ、見積もり依頼という形であれば、お客はいきなりお金を払うわけではない。クレジットカードの番号を入力する必要もない。問い合わせをするだけだったら、「購入を決断する」という大英断もあとまわしでかまわない。

つまりお客が越えるべき第一段階のハードルが低いから、行動しやすい（くどいようだが、メルマガ登録させろ、という意味ではない。念のため）。

このように説明すると、たいていの経営者や事業主はこのように反論してくる。

「いや〜、問い合わせは確かにくるんだけど、それから成約しないんだよね〜」

成約しにくいのは当たり前である。低いハードルしか設置していないから買う気のない客もどうしてもまぎれこんでしまう。これはどうしようもない。

大切なのは、「一体どれくらいの確率で成約するのか」である。これを事前に知っているかどうかでビジネスの生死が決まってしまう。

実は、「問い合わせ客が、その後に成約する確率」というのは決まっている。どんな商売でも、**成約率はだいたい一〇〜二〇%の間におさまる**のである。一〇人が資料請求をしたら、一人か二人はその後の営業トークがどんなに下手でも成約する。

私は自分を含めた四〇〇人以上のさまざまなネットビジネスオーナーの反応率を知っているので、これだけは断言できる。不動産でも、浄水器でも、ペットでも、墓石でもみんなこの確率は同じである。

もしも2ステップ方式で営業をしていて成約率が一〇%を切っているのなら、営業方法に問題がある。たいていの問題点は、メールで問い合わせを受けたらメールで返してしまっているパターン。ネットビジネスだからといって、こんなやり方をしていると成約率が異様に低くなる。

この悪パターンの問題解決は実に簡単だ。

メールで資料請求や問い合わせがあったら、翌日お客に電話をかけりゃいいのである。必ず成約率は倍増する。

なぜこうなるか、といえば理由はきわめてシンプル。

お客は、人の声を聞くと安心するからである。むずかしいことは何もない。不安だから購買への決断ができないところに、「人の声」という安心材料を提供してあげれば成約率は向上する。

逆に、二〇％を超えている場合は明らかに「機会損失」をしていることが多い。本来もっと資料請求数を増やせるはずなのに、濃いお客ばかりをアクセスさせている状況だ。

このパターンの問題解決も非常に簡単。

お金を出して広告投資すればいいのである。かなり高い確率で投資対効果はプラスを示すはずだ。一五％前後で成約するのが、成約率の最適値と考えていい。

お客さんが行動するかしないかは、商品単価の高い低いとは一切関係ないのだ。

さらに、高額商品を販売する場合は、ホームページに余計な機能をごてごてと付け加える必要がなくなる。商品説明のページと、資料請求のためのフォーム。この二ページさえあれば、明日からでもビジネスをはじめることができる。システム屋に無駄なお金を何十万円も支払う必要はまったくない。データベースに商品のデータを懸命に打ち込むような手間も不要だ。

私はこのようなビジネスモデルを、「1《ワン》フォーム型ビジネス」と呼んでいる。

高額商品の販売、仲介業、オーダーメード、単品販売、法人向けビジネスがこれにあてはまる。

そう、第4章で説明したクリティカル・キーワードに対応するビジネスはみなこのタイプだ。

買い物カゴシステムを使わず、高額商品を販売して「一つのフォーム」だけでお客さんからのオファーをもらう仕組みである。「1《ワン》フォーム型ビジネス」はインターネットでキーワード経由のお客さんをつかまえるには最強のビジネスモデルなのである。

▼クリック単価の高騰に対応する唯一の方法

キーワードの検索結果からライバルよりも多くのお客を引っ張るにはどうすればよいか？もちろん、とにかく上位に表示させることだ。しかもできるだけ一位を獲得しなければならない。

しかし「たくさん集客できて、しかも儲かるキーワード」は、絶対に高騰は避けられない。キーワード広告はオークション入札形式なので、ライバルが増えれば増えるほどクリック単価は高騰していく。ＳＥＯ（検索エンジン最適化）の争いも激しくなり、人的コストは増えていく。

しかし、どんな穴場キーワードも、いつかは必ずライバルが現れる。キーワード広告の値段は高くなるし、ＳＥＯ（検索エンジン最適化）で上位表示させるのもむずかしくなるので、いずれにしろコストはどんどん高くなる。どんなキーワードも、遅かれ早かれ粗利額で顧客獲得単価を吸収するのがむずかしくなってしまう。これは避けられない運命といっていい。

誤解のないように言っておくと、別にこれは検索エンジンだけに限った話ではない。メディアの読者（利用）数が増えて反応数が増えれば、媒体主は広告スペースの値段を高くする。雑誌や新聞の世界でも同じこと。広告を掲出するためのメディアとは、所詮そういうものなのである。どんなに穴場狙いが成功しても、「おいしい時間」はせいぜい半年か一年くらいなものである。

▶売上額とキーワード広告費の推移

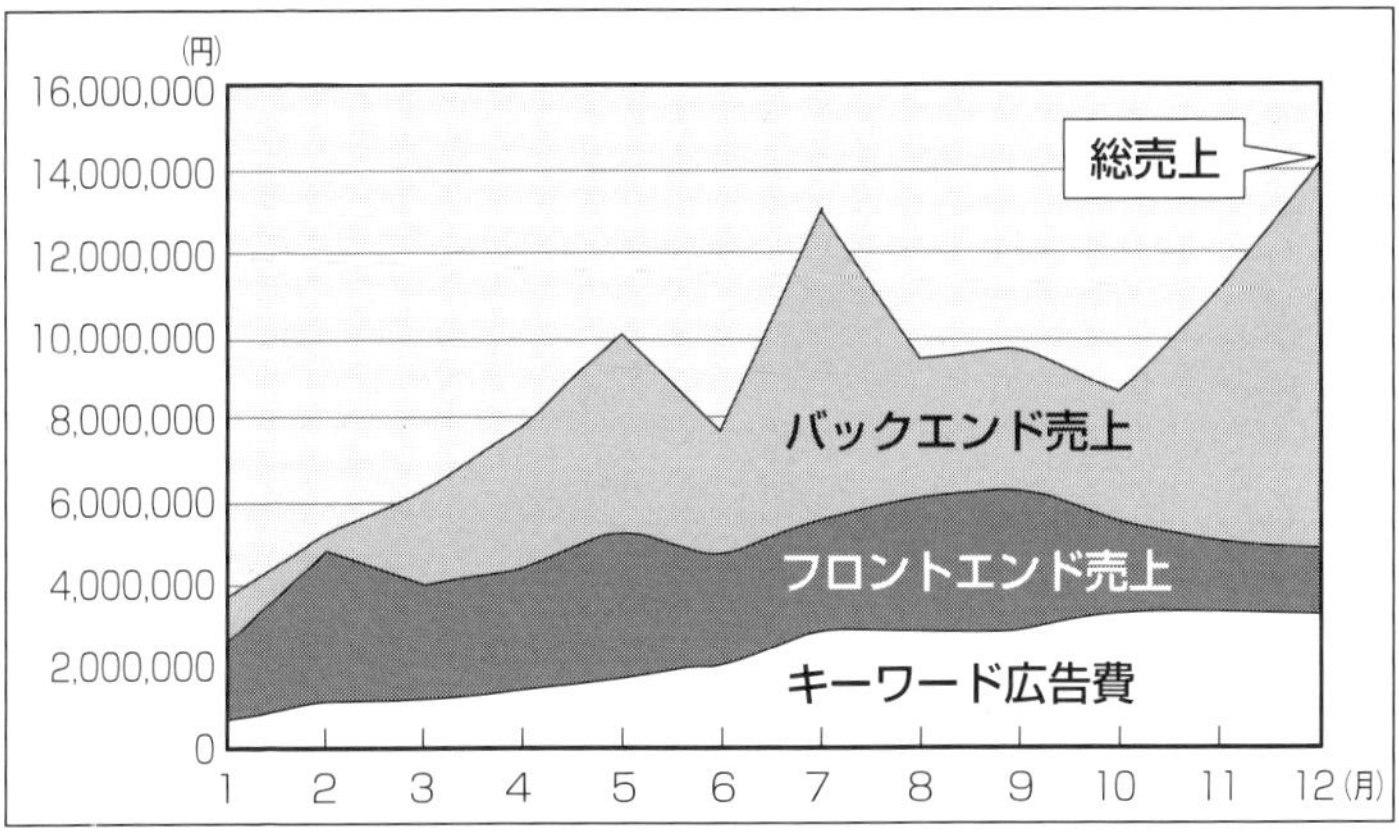

必ずライバルに嗅ぎつけられていずれ参入される。市場原理はそんなに甘くはできてない。

では、この問題に対処する方法は存在するのか？

もちろんある。その鍵を握っているのは、「顧客リスト」である。

上の図は、私が経営する会社の直近一年間の売上額と、キーワード広告費の推移を面グラフであらわしたものだ(数字はバカ正直に出している)。

一番下の山が、「キーワード広告費」。

広告を出しているキーワード数はそんなに変わらないのだが、だんだんと広告費用が増えているのがわかるだろう。

中段の山は、「フロントエンド売上」。

キーワード広告を使って、販売している単品商品の売上だ。

広告量は変わらずに広告費用が増えているわけだから、だんだんと利益が減っていってしまっている。

そして一番上の高い山が「総売上」。

右肩上がりで増えている。別に「ウチの会社の売上が伸びてていいでしょう」と自慢したいわけじゃあない。

どんなビジネスにも応用できる単純な「コツ」があるので、それを知ってもらいたいだけである。

ほんの少しわかりにくい話なので、順を追って説明しよう。

私は「ホームページ作成」などのキーワードで、ホームページを自力で作成するマニュアルを販売している。約二万円の商品単価で、粗利益は一万三〇〇〇円くらいである。

キーワード広告をはじめた当初は、平均クリック単価が四〇円くらいで、新規顧客獲得単価は四〇〇〇円を切っていた時期もあった。非常に費用対効果のよい集客ができていたわけだ。

しかしその後、ライバル企業が次々と参入しはじめ、クリック単価はじわじわと高騰。一年後には平均クリック単価は一二〇円にまで上昇。新規顧客獲得単価は一万二〇〇〇円前後になってしまった。要するに、この商材はほとんど利益が出なくなってしまったわけである。

しかし、私は経営者として全然困らないのである。

なぜか？

「新規顧客として購入してくれたお客さんは、ある一定の確率で必ず他の商品も買ってくれる」からだ。

具体的には、CGIプログラムやマーケティング相談のサービスといったより高額な商品を、その後に購入してくれるわけである。

実は、新規顧客がその後に他の商品を購入してくれる確率は、一〇～二〇％と相場が決まっている。これは自然法則のようなもので、誤解を恐れずにいえば、どんなものを売ってもこれくらいは反応が取れる。期間限定キャンペーンを組み合わせれば三〇％を超えることもある（もし、その後の購入率が一〇％を切っているのなら、最初に購入してもらった商品の品質に問題があるということだ）。

そして、この仕組みは新規顧客の数が増えれば増えるほど、利益額が増えていくことになる。なぜなら、インターネットで既存客に別の商品を告知するのに広告費は一切かからないからだ。粗利の一〇〇％を獲得できる。このインパクトが本当に大きいので、極端な話、最初に販売する商品（フロントエンド商品という）は赤字になってもかまわないのだ。

こういった仕組みは、通販会社ならどこでもノウハウ化されている。

例えば「無添加」で有名な化粧品会社。

プチボトルが三本入った一五〇〇円の「おためしセット」が新聞折込チラシで広告される。その広告に反応した新規顧客は、「おためしセット」を使ったあと、必ずある一定の確率で本体の化粧品を購入する。そして、本体化粧品が届くと、次には「無添加食品」をすすめられる。これもある一定の確率で購入する。そして次には……と、顧客の心理状態をよく配慮したストーリーがあらかじめ用意されているのである。

どう考えても、「おためしセット」だけを販売していたら広告費はペイできない。絶対に赤字である。しかし、「おためしセット」を購入したあとに、「どれだけの確率でどれだけ売れるか」はわかっているので、どんどん「おためしセット」の広告を打つわけだ。

フロントエンド商品とバックエンド商品のシナリオがパターン化できれば、年数が増えるほどに収益インパクトが拡大していくことがよくわかるだろう。通販において、広告費が無料で収益を上げられるというのは、きわめて重要な意味を持つ。一年後には、信じられないくらいの収益インパクトが出るからだ。これが顧客リストのレバレッジだ。年数が増えれば増えるほど、複利計算のように売上も利益も上がる。顧客リストが世界で最も確実な資産、という真の意味はここにある。

そして、検索キーワードは、最も新規顧客を自動的に獲得しやすく、かつシナリオをつくりやすいという最大のメリットがあるわけだ。

実は、キーワード広告が高騰していてもがんばれる中小企業は、赤字覚悟でやっているわけじゃあない。一度販売したあとの、お客が生み出す利益をきちんと計算しているサイトだけがしぶとくキーワード市場で活躍できる。

資本力ではなく、「売れる仕組み」をつくり上げているサイトだけが、広告費の高騰に耐えられる。「キーワード広告は高騰し続けるから危険ですよ」などと言うＳＥＯ（検索エンジン最適化）

業者は、こういった「顧客価値」の計算の仕方を知らないだけなのである。

③フロントエンド商材は「ゼロからつくり上げる」もの

▼あなたの商材にキーワード需要がなかったら？

新規顧客をキーワード経由で常に獲得し続ける。

さらに、獲得した顧客リストから高い収益を上げるシナリオをつくる。

この二段構えの仕組みがまわりだすと、ビジネスはびっくりするくらい好循環を生みはじめる。たとえ広告費が赤字になっても血眼になる必要はない。新規顧客が生み出すその後の利益額がわかっていれば、夜も安心して眠りにつくことができる。

しかし、最大の問題点は、「キーワード需要に合った商材がない」ケースだ。

確実に新規顧客を獲得できるクリティカル・キーワードはそんなに多くはない。検索数が少なければ売上にはならない。需要のないものは売れっこないのである。たとえ売れるキーワードでも、競合がひしめいていて広告費が最初から赤字の場合は、資金が必要になってしまう。

例えば、経営コンサルタントが検索キーワード「コンサルティング」で新規顧客を安定的に獲得できるだろうか？　この答えはもちろん否だ。

「コンサルティング」というキーワードは、月間たったの一万五〇〇〇件程度しかない。大雑把な言葉のわりにはさっぱり需要がない。当然といえば当然である。企業経営者が悩みを抱えたときに、「コンサルティングを頼みたいな〜。よし、検索エンジンで探してみよう!」などというシチュエーションにはとうていならない。どこの馬の骨かわからないやつに自分の恥をさらすような経営者はいないのである。

しかも、広告を出しているサイトのほとんどは、「転職サイト」で、キーワード広告の単価は五〇〇〇円近い高騰市場。つまり、「コンサルティング」とキーワード検索する人の多くは、「これからコンサルタントになりたい」と考えている人なのである。

こんな場合一体どうすればよいのか? あきらめるしかないのか?

いや、たった一つ解決策がある。

キーワード需要から、フロントエンド商材をつくってしまえばいいのである。

▼新規顧客獲得に向いていない商材はバックエンドに

「ダニがわいていいます。畳を張り替えましょう!」

夏になると必ずこの宣伝文句のチラシが配られる。よく見てみると、広告を出しているのは畳屋ではない。リフォーム会社である。

畳の張り替え需要は、今でも根強く存在する堅〜い仕事だ。チラシを打てば必ず反応を得ることができる。しかし、当然販売単価はせいぜい数万円だから広告費はまずペイできない。しかし、それでもリフォーム会社は広告を出す。

なぜか？

畳を張り替える仕事を取れれば、一定の確率でより高い額の仕事を受注できるからである。「畳のある和室」は、たいてい家の奥のほうにある。その間に台所の様子を見ることができる。壁紙の傷み具合がわかる。畳をひっくり返せば床の状態を見ることができる。「畳の張り替え」というフロントエンド商売をきっちりこなせば、「じゃあ床のフローリングもお願いしようかな」「どうせなら、台所までやっちゃおうか」と話が進みやすくなる。

つまり、「目の前できれいに畳を張り替えた実績と信用」こそが、最大の広告宣伝になるわけである。

もちろん、畳を張り替えただけで終わってしまうことのほうが多いだろう。しかし、心配はいらない。この世の中はある一定の確率で他の商品も買ってくれる人が必ず存在するようにできているのだから。

このような仕組みを知らないで、いきなり漠然と「リフォームやります！」と広告を打っていても効率良く新規顧客は獲得できない。お客は「リフォーム」をしてもらいたいのではないのだ。「台所を広くしたい」「カーペットを張り替えたい」「壁紙を替えたい」といった個別の悩みを解決したいのである。

しかし、お客にとってはよく知らない会社にリフォームをいきなり頼むのはかなり勇気が必要だ。ずさんな手抜き工事をされたらたまらない。リスクが大きすぎる。漠然と「リフォームやります！」と広告を打っていても、効率良く新規顧客は獲得できない。一〇〇万円以上かかる台所リフォームは新規顧客獲得の商材には向いていないのである。

だから、リフォーム会社は知恵を絞り、フロントエンド商材に投資をして小さな実績をつくる。そのうえで、バックエンドに本業である本格的なリフォーム提案を用意する。そして一定の確率で高額受注を獲得するのである。

▼フロントエンド商材は「検索される言葉」からつくりだせばいい

ネットビジネスでもこのロジックは同じように使える。

フロントエンド商材とは、「需要があり、新規のお客が獲得しやすい」低料金のおためしバージョンだと思えばいい。これは最初からあるものではない。お客の需要に合わせて、ゼロからつくり上げるものである。

私の本業は、インターネットマーケティングのコンサルタントである。一〇万円以上の契約をして、ホームページの改善点や広告戦術、ビジネスモデルの戦略構築から、システム導入まで幅広くアドバイスをする。

しかし、私のような無名の若僧が「マーケティング」「コンサルティング」などのキーワードで告知をしたところでクライアントが獲得できるわけがない。「お前誰なんだよ?」と言われておしまいである。コンサルティングサービスは、粗利を高く取れる商材である反面、最もインターネットで新規顧客を獲得しにくいのだ。

決して自慢するわけではないが、私は実際のところ、本業のお客さん集めに苦労をしたことは一度もない。起業後わずか一年で五〇〇社を超えるクライアントが契約してくれているが、無料メルマガを毎週のように発行するような無駄な努力は一切していない。一万九八〇〇円のフロントエンド商品を買ってくれた人のうち一〇%以上が、必ず会員制コンサルティングの契約をしてくれるからだ。

私はキーワード需要から新規顧客を獲得できるフロントエンド商材を販売し、まず「実績と信用」をつくり上げた。そのうえで本来売ることがむずかしいコンサルティングサービスをバックエンドに用意し、安定的に顧客を増やした。もちろん既存客にメールを送るだけなので広告費はゼロである。

税理士なら「節税」というキーワードで「節税マニュアル」を販売できる。そこから税理業務の本契約に結びつけることも可能だろう。行政書士なら「一円起業」「著作権登録」「クーリングオフ」などのキーワードで全国通販できるフロントエンド商材をつくれるだろう。健康食品を扱っているのなら、みのもんたが「αリポ酸」が良いと言えば、それを販売すればよい。フロントエンドで儲からなくても、違う商材を購入してくれる人が必ずいる。インテリアコーディネーターの仕事を取るためにオーダーカーテンの仕事をフロントエンドに持ってきてもいいのだ。

「私の仕事は新規顧客が取りにくい」「ウチの会社の商材はキーワード需要がない」などと嘆いていてもしょうがない。売れないものを無理矢理売ろうとするような馬鹿な真似を一刻も早くやめよう。リフォーム会社が畳屋の顔して営業できるように、誰でもフロントエンド商材をつくることは可能だ。

一つの仕事、一つの会社、一つの商品だけで一生を終える時代はとっくに終わっている。人と違う結果を出すのならば、複数のスキル、複数の商材を売るのは当たり前だ。やらないのは単なる甘えにすぎないのである。

第7章

今日からはじめるキーワードマーケティングの5ステッププログラム

KEYWORD MARKETING

あなたが今日からできること

これまで説明した、キーワードマーケティングの方法論は、非常に単純である。

「売れるキーワードがどんなものか知っておこう」

「需要があって供給者の少ないところでビジネスをしよう」

「参入したら一位を取って一番多くお客を獲得しよう」

「競争が激しくなっても耐えられるシナリオを用意しよう」

「新規顧客を獲得できる商材がなければ、つくろう」

たったこれだけのことだ。

むずかしく考えないでほしい。財布からお金を出して「買わせてくれ！」と叫んでいる客は、検索キーワードに姿を変えてインターネット上をさまよっているのだ。あなたがそっと手を伸ばしてあげれば、深い悩みを一瞬のうちに解決してあげることができる言葉のフィールドは山ほどある。

ビジネスは需要があって初めて成り立つ。裏を返せば、お客さんが欲しいものと適切な告知手段さえわかれば、**売れないほうがおかしい**のである。あなたが本書を購入した半年後に、投資額の一〇〇〇倍の収入を手に入れるのも決して夢物語ではない。

では、どうしたらその成功が手に入るのか？

どんな小さな一歩でもいい。「行動」することである。

九五％の人は、知識を得ただけで終わる。今日だけは「いい話を読めた」と満足して、明日になれば忙しい毎日に追われて忘れてしまう。そして、ほんの一握りの人だけが、その日から小さな行動を起こす。この一歩を踏み出すかどうか。このほんのわずかな差が、その後の成功を決める。

では、具体的に今日、あなたがすべきことは何なのか？

そして第一歩を踏み出したあとは、何をどういう順番でやっていけばよいのか？

最終章はあなたが成功に向かって踏み出すためのアクションプランだ。

今日からはじめるキーワードマーケティングの5ステップを、順番に説明していこう。

ステップ1 言葉の需要と供給をチェックする

キーワードマーケティングの第一歩は、キーワード需要を調べることだ。

パソコンの前に座って、次のホームページにアクセスすればよい。ものの二分もあればできる。

ポイントは、キーワード検索数が一〇万件未満で、穴場の条件を満たしたクリティカル・キーワードを見つけることだ。

❶キーワードアドバイスツール

日本では、唯一月間検索数を調べることができるツール。正確にはオーバーチュアが提供している数値なので、ヤフー以外の検索エンジンも合わせたキーワード検索数と考えられるが、まあヤフーで検索されるキーワード数、と考えてOKだ。

まずは、現在自分が持っている商材をヒントにキーワード検索してみよう。全国通販を考える場合は、最低でも一万件はあったほうがよい。狙いめは一万～五万件前後のキーワード。広告展開をする場合は、すべてのキーワードを合わせて月間三万件は欲しいところ。これ以下だと、よほど高額商品でない限り安定的な売上を上げるのはかなりむずかしい。

逆に一〇万件を超えるビッグキーワードの場合は、大手企業が入ってくるフィールドになるので、最初から手をつけるべきではないケースが多い（ただし、流行キーワードの場合はこの限りではない）。

［キーワードアドバイスツール］

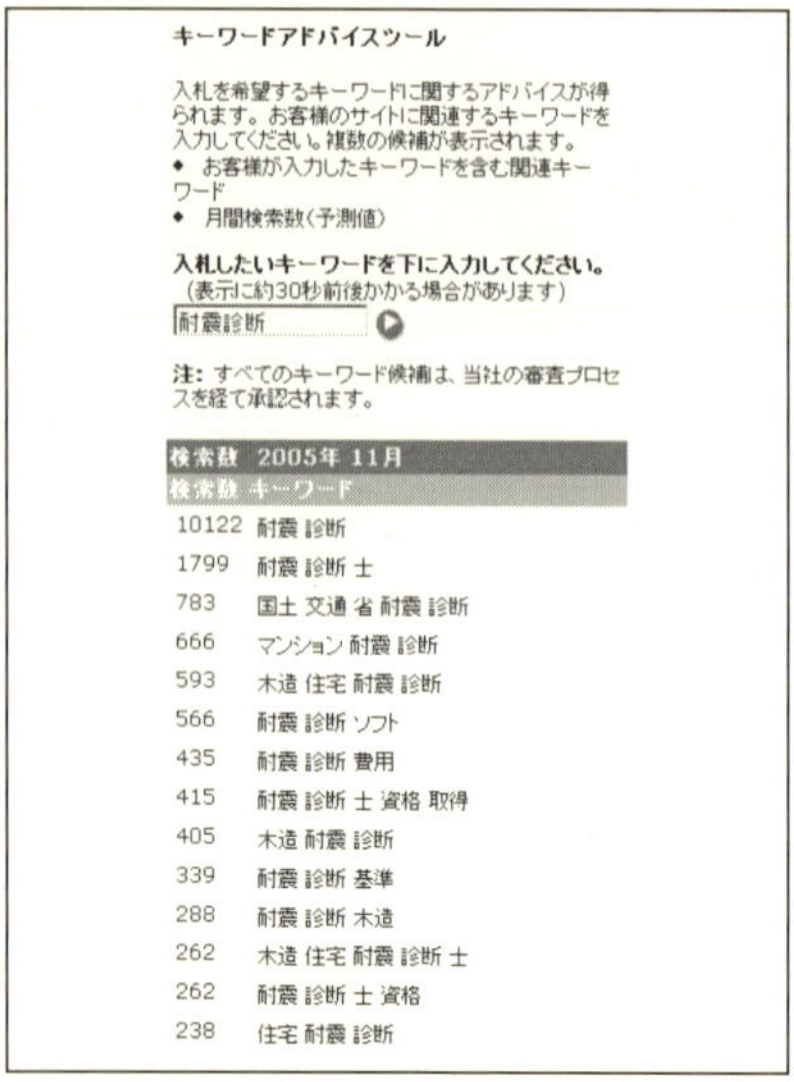
キーワードアドバイスツール
入札を希望するキーワードに関するアドバイスが得られます。お客様のサイトに関連するキーワードを入力してください。複数の候補が表示されます。
◆ お客様が入力したキーワードを含む関連キーワード
◆ 月間検索数（予測値）
入札したいキーワードを下に入力してください。
（表示に約30秒前後かかる場合があります）
耐震診断
注：すべてのキーワード候補は、当社の審査プロセスを経て承認されます。
検索数 2005年 11月
検索数 キーワード
10122 耐震 診断
1799 耐震 診断 士
783 国土 交通 省 耐震 診断
666 マンション 耐震 診断
593 木造 住宅 耐震 診断
566 耐震 診断 ソフト
435 耐震 診断 費用
415 耐震 診断 士 資格 取得
405 木造 耐震 診断
339 耐震 診断 基準
288 耐震 診断 木造
262 木造 住宅 耐震 診断 士
262 耐震 診断 士 資格
238 住宅 耐震 診断

（オーバーチュア〈http://www.jp.overture.com〉のキーワードアドバイスツールより）

検索数が数百しかなく、しかも販売単価が数千円の商材であれば、すぱっとあきらめること。インターネットでは需要のないものは売れない。フロントエンド商材の開発を考えよう。

ヤフーかGoogleで「キーワードアドバイスツール」と検索すれば出てくる。

❷入札価格チェックツール

［入札価格チェックツール］（オーバーチュア）

オーバーチュアが提供する、キーワード広告の「キーワードごとの入札単価」を一瞬にして調べることができるツール。キーワード需要に対する供給、と考えていい。あまり一般には知られていない。「これは！」と思えるようなキーワードを発見したら、入札しているサイト数と入札価格を調べてみる。

参入判断のポイントは、「そこそこ入札者がいるが、あまり高騰していない」というパターンが一番理想的。キーワード広告はクリックごとに費用が発生する広告である。

よほどの大企業でない限り、「売れないキーワードに入札し続けるバカはいない」と考えられる。まず、入札しているサイトがあれば、「売れるキーワード」だと判断してＯＫだ。ただし、すでに入札単価が一〇〇円を超えているキーワードは、新規参入は厳しい、と考えるべき。

逆に、入札が一件もない場合は、まったく売れないキーワードである確率のほうが高い。ただし、「アスベスト」「耐震診断」など、突然事件が発覚して国民的関心事になったばかりのキーワードは、ものすごく集客できるキーワードなのに、まったく入札がない大チャンスの場合もあるから侮れない。

ヤフーかGoogleで「入札価格チェックツール」と検索すれば出てくる。

❸テレビ番組表の特集を眺めてキーワードを抽出してみる

フロントエンド商材をゼロから開発する場合は、旬な話題、流行のキーワードが最も簡単に新規顧客を獲得することができる。

一番簡単なのは、インターネットのテレビ番組表を見て、キーワードを抽出する方法。『ある ある大事典』『ためしてガッテン』などでテレビ報道された直後に、「黒酢」「αリポ酸」などのキーワード検索数が急激に伸びることが非常に多い。

「テレビで特集される→インターネットでキーワード検索をする」という行動は、もはや日常化しているからだ。

ヤフーのテレビ番組表なら約二週間先までの番組内容を見ることができる。番組で特集している売れそうなキーワードがあれば、さっさとホームページをつくってしまう。在庫を手配できなければ予約注文を受け付ける形にすればいい。キーワード需要が盛り上がった瞬間にジャストタイミングで、しかも競合が少ない状態で一気に数千、数万の顧客リストを獲得することも夢ではない。

報道関連番組の特集では、消費者が心配するようなキーワードが並ぶことが多い。「アスベスト」「耐震診断」などはその典型例。テレビでインプットされた言葉をキーにして、インターネットに購買行動を起こしにいくわけである。

ヤフーかGoogleで、「テレビ番組表」と検索すれば出てくる。

❹ Amazonのベストセラーを眺めてキーワードを抽出してみる

Amazonでベストセラーランキングを眺める、という方法もある。出版のベストセラーは、現状のマーケット心理をよくあらわしているから、大きな需要の流れを調べるには最適だ。

例えば、一時「暗号モノ」の本が次々とベストセラーになっていた。『ダ・ヴィンチ・コード』は、レオナルド・ダ・ヴィンチの絵に隠された暗号を解いていくミステリー。日本では四〇万部近く売れている。それに後追いで出されたのが、『姓名の暗号』という本。これも二〇万部以上売れたベストセラー。『姓名の暗号』ってやたらミステリアスなタイトルだけど、何のことはない、単なる「姓名判断占い」の本なんである。さらに、後追いで出された『姓名の暗号解読法』なんてのもベストセラーランキングに入っていた。

簡単にいえば、暗号モノの流れを受けて「姓名判断」がひそかにブームだったわけである。当然、「姓名判断」なんていう、「情報が欲しくて」「怪しい世界」のテーマは、インターネットにものすごく需要がある。月間キーワード検索数は一時急激に需要増となり、五〇万件を超えることもあったのである！

Amazonのホームページ、本のコーナーに「ベストセラー」というタブがある。そこを開けば誰でも現在出版されている本の、ジャンル別トップ一〇〇をリアルタイムで見ることができる。

ヤフーかGoogleで「Amazon　トップセラー」と検索すれば出てくる。

❺キーワードランキングからマニアックなキーワードを抽出する

インフォシーク、BIGLOBE、@nifty、livedoorなどのポータルサイトは、定期的にキーワードランキングを発表している。ただし、ビジネスに直結するキーワードは少ない。検索数はわからないうえに、芸能人や会社名などの「売れない固有名詞」が中心とはいえ、流行キーワードや大きな需要の流れをつかむための参考にはなる。

面白いところでは、インフォシークの「今週の急上昇」。マニアックで確実に売れるキーワードがときどき発見できる。私も「耳つぼダイエット」「マイクロバブル」などの穴場キーワードは、ここで発見した。

ヤフーかGoogleで「キーワードランキング」と検索すれば出てくる。

❻gooのキーワード検索をRSSリーダーで眺める

「消費者が、今この瞬間何を検索しているのか」がわかる方法がある。しかも超簡単に。

ポータルサイトgooでは、「最新ワード」をRSSで配信している。これを、RSSリーダーで更新ボタンを押しまくれば、今この瞬間に検索されているキーワードがどんどん追加されるわけだ。

「漬物ソフト」(漬物の味がするソフトクリームらしい)、「毒だしジュース」(飲むだけで老廃物が出るジュースらしい)、「つけなみだ」(涙がこぼれそうに見えるつけまつげらしい)など、「なんじゃあこりゃあ!」と思えるような検索キーワードがガンガン出てくるので、なんとなく眺めているだけでもかなり面白い。

季節キーワードは、ここからヒントを得られるだろう。意外な穴場を発見できる可能性も大である。おまけにキーワード広告の供給もすぐに見ることができるのでかなりお得。

ヤフーかGoogleで「goo　キーワードランキング」と検索すれば出てくる。

RSSリーダーのソフトウェアは、「Headline-Reader」がおすすめだ。

ステップ2 ざっくりとシミュレーションをする

キーワード需要を発見したら、キーワード広告を出した場合の収益シミュレーションをしてみよう。

それぞれの数字は、以下の方程式で月間の売上、広告コスト、最終的な収益までおおまかな予測ができる。

予測月間成約数＝キーワード検索数×〇・一％（クリック率一〇％×コンバージョン〈成約〉率一％）

予測月間広告費＝キーワード検索数×クリック率一〇％×入札単価一位価格

予測月間粗利＝成約数×（商品単価－原価）

予測月間収益＝月間粗利－月間広告費

例えば、「家系図」というニッチなキーワードは一万件前後検索数がある。

以下のような仮定でシミュレーションをしてみよう。

商品＝家系図作成サービス

商品単価＝五万円

商品粗利＝四万円

一位入札に必要なクリック単価＝二〇円

このケースでは、検索数が一万件、コンバージョン（成約）率一％としたら予測月間成約数は一〇件である。一位入札をするためのクリック単価が二〇円なので予測月間広告費は二万円。商品粗利単価が四万円なので、予測月間粗利は「成約数一〇件×粗利単価四万円＝四〇万円」。粗利四〇万円から広告費二万円を引くと、最終利益が三八万円、と予測できるわけだ。

このように数値シミュレーションは文章にするとえらい面倒くさく見えてしまうのだが、エクセルで計算すれば検索数や商品単価、クリック単価などを代入するだけだから、ものの五分で終わる。足し算、引き算、掛け算、割り算しか使わないので小学生でもできる計算である。

クリック率は、一〇万件以下のキーワードで一位入札をすればだいたい一〇％前後である（一〇万件を超えるようなビッグキーワードや、大雑把なキーワード〈「健康食品」など〉の場合は一位入札をしても二〜三％になるケースはよくある）。

コンバージョン（成約）率は、もちろん何十万円もするような高額商品なら一％にはならない。以下にシミュレーションを行うための目安を掲載する。あくまでも目安であり、シミュレーションの目的は「どのくらいの可能性があるのか」を把握することである。

大事なのは、「どのくらいの幅におさまるのか」というレンジ（幅）の感覚である。どんなキーワードであれ、どんな商品であれ、コンバージョン（成約）率が二％を超えるケースはほとんど存在しない。しかし、一方でどんな高額商品でもコンバージョン（成約）率が〇・一％を切ることもほとんどない。必ずある一定の範囲におさまる。
言い換えると、「キーワード検索数×○・○○一（コンバージョン〈成約〉率一%）」が新規顧客獲得数。「広告入札単価÷コンバージョン（成約）率」が顧客獲得広告コスト、とも取れる。

シミュレーション結果によって、まるっきり赤字ならそもそもチャンスがない、ということである。かなりいけそうだ、という確信を持てばすぐにでもテストマーケティングに走ればいい。

▶シミュレーションのための目安

価格帯	予測コンバージョン（成約）率の目安
法人 100万円以上 消費者 10万円以上	0.2～0.1%
法人 50万円以上 消費者 5万円以上	0.5～0.2%
法人 50万円未満 消費者 5万円未満	1%

私自身および私のクライアントが行ったシミュレーション結果と実施結果のクリック率・コンバージョン（成約）率は、大幅にずれたことは過去に一度もない。しかし、シミュレーションはあくまでも仮説であり、机上の論理にすぎない。大切なのは仮説を検証する、つまりテストマーケティングをすることである。

魚がいるかどうかわからない海に、何千万円も投資して出かける漁師はいない。探りを入れてから、だんだんと投資額を増やしていくのがビジネスである。多くの人は、「可能性の確率」を仮定することすらせずに、いきなり大勝負に挑んでしまう。だから失敗する。

キーワードマーケティング研究所ではシミュレーション用のエクセル表をダウンロードでき

るので、利用してほしい。
ヤフーかGoogleで「キーワードマーケティング」と検索すると出てくる。

ステップ3 テストマーケティングのためのホームページをさっさと作成する

キーワード需要を見つけ、シミュレーションを行い、収益予測がプラスを指しているのなら迷わずテストマーケティングを行う。

むずかしいことは何もない。ホームページをさっさとつくり、狙ったキーワードに広告を出して効果検証をするだけである。

商材の準備が間に合わない場合は「予約注文」という形でもよい。オーダーメードや仲介業、法人向けの場合は、そもそも商材の準備は必要ない。お客の希望を聞いて、それから商品を用意すればいいからだ。

本書では「どんなホームページがコンバージョン（成約）率を高めるか」といった戦術的な内容は扱わないが、最低限の三つのポイントだけあげておこう。

❶ホームページはできるだけ自力で作成する

テストマーケティング目的は、広告の反応率を測定して「いくら投資するといくら返ってくるのか」を検証すること。これだけである。効果測定の結果、「市場参入をしない」決断もあり得るのだから、できるだけ低コストでさっさと行わなければならない。

ここで一番問題なのは、ホームページを自分で（あるいは自社の社員が）コントロールできないことだ。たった一文字の修正をするのに、いちいちホームページ作成業者にメールで発注するようなアホらしい行為がいまだに日々あちこちで繰り返されている。こうなると本来小組織が持つべき機動力、スピードが異様に失われる。

また、作成業者にしろシステム会社にしろ、マーケティング知識を持っているウェブデザイナーは世の中に皆無に等しい。あれこれと余計な機能を付けさせられて、きれいなだけのお客の取れないホームページに何十万円と無駄な出費をすることになる。

ホームページを自力で作成するのは決してむずかしいことではない。自力で、自社で作成してしまおう。「クリティカル・キーワード」の大部分を占める「ニーズ系商材」には、ホームページの「美しさ」はまったく不要である。職業ごとにお客さんに会うときの服装は、自然と決まってくるでしょう？　そのイメージに合った最低限のデザインがあれば十分なのだ。極論すれば、「需要があって供給が少ない」市場であれば、どんなしょぼいホームページでも飛ぶように売れる（実際私はそういう場面を何度も見ている）から、心配しなくていい。

ちなみに、本書の「序章」「第4章」で紹介した事例サイトは、全員が経営者自ら（もしくは社員）が自力でホームページを作成している。コツをつかめば誰でも一週間程度でホームページ作成は可能だ。もちろん私の会社はいまだにホームページは自力作成である。

キーワードマーケティング研究所では「簡単にホームページを作成する方法」をマニュアル化して提供している(ヤフーかGoogleで「キーワードマーケティング」と検索すれば出てくる)ので、興味があれば利用してほしい。

❷一つのキーワードに一つの商品サービスを

▶ホームページの効果的な作り方

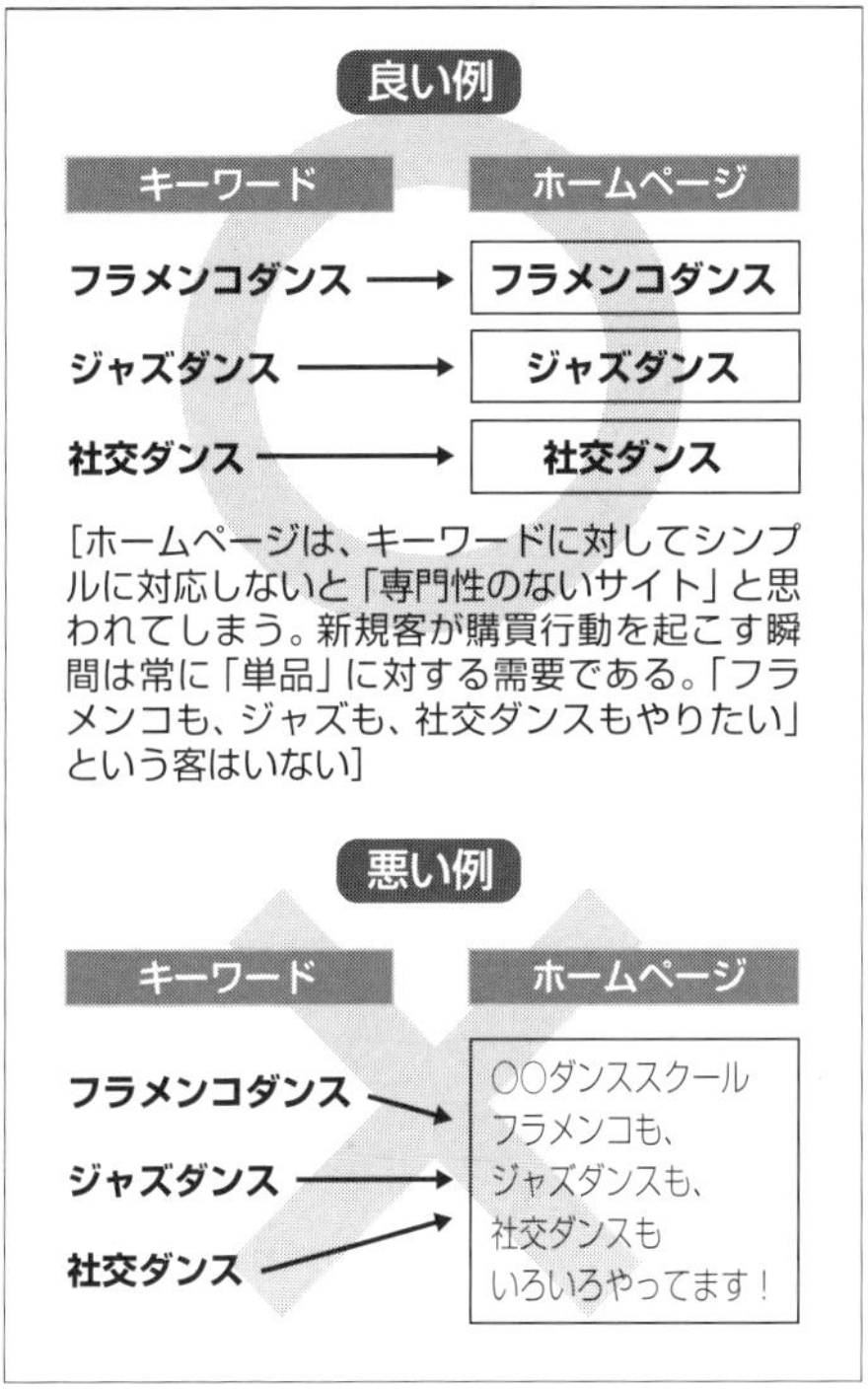
良い例
キーワード
ホームページ
フラメンコダンス
フラメンコダンス
ジャズダンス
ジャズダンス
社交ダンス
社交ダンス
[ホームページは、キーワードに対してシンプルに対応しないと「専門性のないサイト」と思われてしまう。新規客が購買行動を起こす瞬間は常に「単品」に対する需要である。「フラメンコも、ジャズも、社交ダンスもやりたい」という客はいない]
悪い例
キーワード
ホームページ
フラメンコダンス
ジャズダンス
社交ダンス
○○ダンススクール
フラメンコも、
ジャズダンスも、
社交ダンスも
いろいろやってます!

ホームページを作成するときのポイントは、一つのキーワードに一つの商品を、一つのホームページで対応すること。これが大原則だ。仮に商材をたくさん持っていても、一つのホームページで複数の商品・サービスを見せてはいけない。売上が一気に落ちることになる。

例えば、あなたが「ダンス

教室」のオーナーだったとしよう。「フラメンコダンス」「ジャズダンス」「社交ダンス」の三つのコースを持っている。こういう場合は前ページの図のようにホームページを分割して作成する。それぞれのホームページに、別個のドメインをそれぞれ取得してもいいくらいだ。

悪いパターンは、「いろいろあります」という見せ方。新規顧客が購入を決めている場合は、常に単品需要である。何でも屋のイメージをいきなり見せると、中途半端で専門性のないサイトだと思われてしまう。「いろいろあります」というのなら、Amazon、楽天、価格.comレベルの、超大規模な「何でもある」を実現しなければならない。中小企業、個人起業家が目指すべきフィールドは、もちろん専門サイトである。

❸「今すぐ買うお客」に焦点を絞りまくる

最後のポイントは、「今すぐ買うお客」に徹底的に狙いを絞ることだ。キーワードを検索しているお客のうち、一定の割合で「今すぐ問題を解決しなきゃ死んでしまう」というお客が必ず存在する。「キーワード検索」をするインターネットユーザーは、その時点で見込み客なのである。こういうお客に対して、「まずはメルアド登録をしてください！」といった遠回りのメッセージは、はっきりいって逆効果である。

むずかしいことをせずに、商売っ気を思いっきり出してストレートに注文を取ることに注力する。

具体的には、「価格をはっきりと書く」「中込フォームへのリンクを思いっきり目立たせる」「電話番号を馬鹿みたいに大きく書く」。実に単純なことだ。

しかし、これが本当に、ネットビジネスではなかなか実現できないことなのだ。

ホームページ作成業者に何も考えずに発注すると、デザインのきれいさだけが優先されて、電話番号や申込フォームは「一体どこにあるのかわからない」くらい目立たなくされてしまう。これで確実にお客を逃してしまうわけである！

ステップ4 広告を出して効果分析をする

ホームページを作成できたら、迷わずキーワード広告を出してみる。出したその日から注文がくることも本当によくある。

テストマーケティングの費用としては、二〇万円は確保してほしい。掲載期間は二週間程度もあれば広告反応が得られるかどうかはすぐにわかる。キーワードは狙い撃ちして三種類程度に抑えること。

大事なポイントは、とにかく自分で広告を出稿してみることである。間違っても代理店に依頼するような真似をしてはいけない。「もっと広告を出しましょう」「広告よりもSEO（検索エンジン最適化）をやりましょう」「ホームページをつくりなおしましょう」などと代理店側の勝手な思惑に振り回されることになる。彼らが欲しいのは売上高である。「あなたのサイトが儲かるかどうか」なんてことには所詮他人事なのである。

広告代理店を通さずに、直接取引で出稿できる広告を、「ノンエージェンシー型広告」という。これらの広告は媒体自体の信用力がとっても低いケースがほとんどである。

地域のミニコミ誌、ポスティングなどは、その典型例。代理店を通す必要がないので自由にできるが、成約率がいかんせん悪い。

しかし、インターネットにおいては、「最もアクセスがあり、最も信用のあるトップサイト」に、代理店を通さずに広告をその日から掲載することができるのである。これを中小企業、個人起業家が利用しない手はない。

❶キーワード広告の出し方

検索キーワードに連動した広告は、実はいろんな種類がある。

しかし、むずかしく考えないように。オーバーチュアとGoogleアドワーズの二つだけで、九割方の検索エンジンを押さえてしまっている。だからこの二つだけに注力すればいい。

キーワード広告の出稿に関しては、「申し込みの仕方がよくわからない」「設定方法がわからない」とよく言われる。そう、確かにオーバーチュアもGoogleアドワーズも操作画面がとってもわかりにくい。意味不明な横文字が並んでいるのでネットに慣れていない人は少々きつい。

この解決策はただ一つ。「わからなくてもとにかくいろいろいじくって前に進んでみる」ことである。

別に間違った操作をしても壊れるわけではない。一日の予算設定もあるから、いきなり何十万円もお金が飛ぶこともない。あなたにリスクは何もない。キーワードを選び、たった数十文字のタイトルと説明文を書くだけだから何もむずかしいこともない。

インターネットの世界は、三次元の世界で物理的に認識することができない。知識だけで理解しようとしても、どだい無理があるのだ。むずかしそうな操作も、「やってみれば」馬鹿みたいに簡単なことがすぐにわかる。

❷キーワード広告のタイトルと説明文

「キーワード広告のタイトルと説明文はとっても大事。内容次第でクリックされる率を上げることができるから」

といった話をよく聞くと思う。いかにももっともらしい話だが、だまされてはいけない。

実は、キーワード広告のタイトルと説明文はさほど重要ではない。前述したとおり、クリック率に関しては、「どの順位で掲載するか」という点のほうがはるかに影響が大きいからだ。

いろんな検証をしたが、タイトルと説明文をあれこれ変えたところでクリック率に大きな変化はないことがわかっている。基本原則さえ押さえておけばよく、無理にスプリットテスト（A

三原則を網羅したキーワード広告

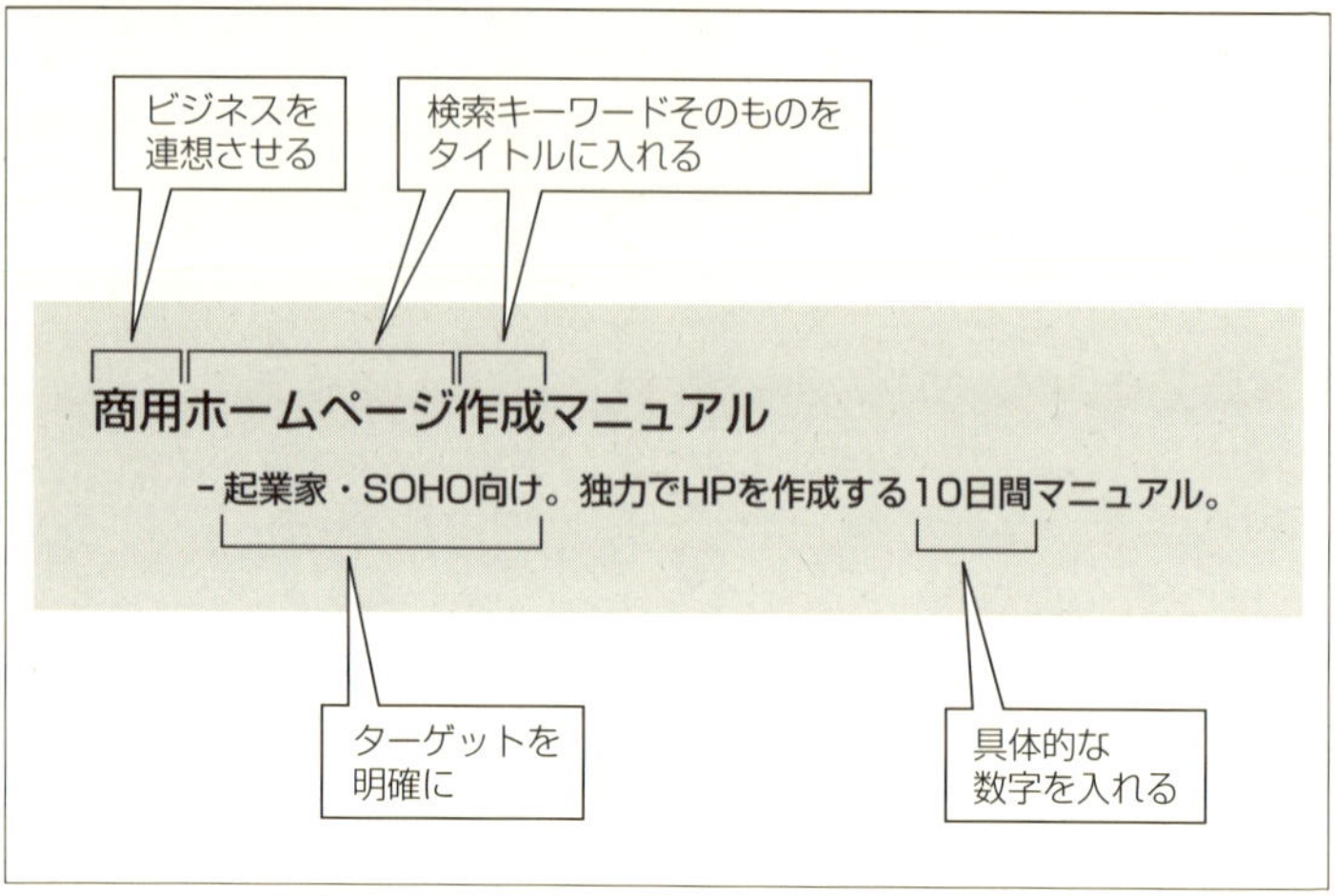
ビジネスを
連想させる
検索キーワードそのものを
タイトルに入れる
商用ホームページ作成マニュアル
-起業家・SOHO向け。独力でHPを作成する10日間マニュアル。
ターゲットを
明確に
具体的な
数字を入れる

パターン、Bパターンの二種類の広告反応率を比較する）など無駄な努力をする必要はまったくない。

むしろ、「クリックさせる工夫」よりも、「余計な客にクリックさせない工夫」のほうがずっと重要だ。なぜなら、キーワード広告は「クリックごとの課金」だからだ。買わないお客にクリックされたらお金をドブに捨てているようなものである。

買わない客を排除する最もよい方法は、値段を入れてしまうことだ。安物買いにしか興味ないお客はクリックしなくなる。

また地域ビジネスの場合は、地名を入れることは必須である。関東圏のお客しか相手にできないのに、北海道のお客にクリックしてもらってもまったくの無駄である。

あえて言えば、キーワード広告を出稿するときには、次の三原則をあてはめてほしい。

【キーワード広告＝タイトルと説明文の三原則】

①「検索キーワードそのもの」をタイトルに入れる（太字になるから）。

②「商用」「全国通販」といった、ビジネスを連想させるキーワードをタイトルに入れる（情報を集めているだけの客を排除する）。

③「ターゲット」を明確に書き、商品（サイト）に関連した具体的な「数字」を入れる。

ちなみに、前ページの図は、私が一年の間に八〇〇〇万円の売上を上げた単品商品のタイトルと説明文である。三原則がすべて網羅されているのがわかると思う。

❸「言葉」への投資対効果を判断する

広告を掲載しはじめたら、広告効果を測定する。これもまったくむずかしいことは一つもない。オーバーチュアもGoogleアドワーズ広告も、キーワードごとのクリック率、コンバージョン（成約）率、顧客獲得単価まですべて無料で出してくれるからだ。

私は、オーバーチュア、Google両社は本当に良心的な会社だと心から思う。新聞、雑誌、ミニコミ誌などのオフライン広告での個別媒体効果をはかろうとしたら、恐ろしく手間ひまがかかり、人的コストが半端ではない。やった人にしかわからないだろうが、これは本当に面倒くさい作業が必要なのだ。

コード番号を掲載した日付ごと、媒体ごとに変えて顧客に読んでもらったり、申込はがきに蛍光ペンで媒体ごとに印をつけたり。それをエクセルに打ち込んで、計算して……とまあ、本当に大変なのである。

それを、誰でも無料で自動的に、ほぼリアルタイムの広告効果が二四時間いつでも確認できるのだから、これはもう革命的である。

広告効果の判断方法は非常に単純だ。テストマーケティングの目的は、「いくら広告投資したらいくら収益として返ってくるのか」を見ること。だから、顧客獲得単価を確認して、粗利額でペイできているかどうかだけを見ればよいのである。

赤字のキーワードは出稿を止め、黒字のキーワードだけを残していく。広告費用がかかりすぎて赤字になる、ということはキーワード需要に適した商材を用意できていないか、あるいは供給過多なキーワード市場であるか、どちらかである。いずれにしても広告を継続する理由はなくなる。

ただし、第5章で述べたように、顧客リストから新たな収益を生むシナリオがあるのなら、赤字覚悟で顧客リストを取りにいってもいい。しかし一般的には、事業開始時から利益が上がらないままバックエンドのシナリオをつくり上げていくには一〇〇〇万単位の資金を一時的に失う覚悟が必要だ。

顧客獲得単価は、どんな商材であれ三〇〇〇円を下回っていたら相当な投資対効果をもたらしていると考えていい。迷わず本格稼動すべきだ。

全体収益としてどれくらい利益を上げれば成功といえるか、という点は人それぞれだ。

個人の起業家であれば、自分と家族を養い、しかも再投資にまわすだけの余剰資金も必要になるので、最低五〇万円、三ヶ月後には一〇〇万円以上の純利益が出せる状態が予測できていないと危ない橋を渡ることになる。

企業経営の新規事業としての位置づけであれば、もう少し余裕はあると思うが、いずれにしろテストマーケティングの時点で黒字が出ていなければ、儲けを重視した中小企業経営としては失格となる。

ステップ5 本格稼動から、拡大戦略へ

テストマーケティングが成功したあとは、拡大戦略を考えよう。

テストマーケティングで二〇万円投資して一〇〇万円稼ぐことができたのなら、六〇万円投資して三〇〇万円稼ぐことを目指すのである。

❶キーワード広告を増やす

自分の狙ったキーワード以外にも、キーワード広告を増やしていく。私の場合は、最初に狙ったキーワードは二個だったが、半年後には八三個にまで増えた。コンバージョン（成約）率に自

信があるのなら、大企業や競争の激しいビッグキーワードにも進出してみる。「コエンザイム」で売れたら「健康食品」などの大雑把なキーワードにも広告出稿してみる、という具合である。

一般的に「健康食品」「自動車」「ホームページ」などの大雑把なキーワードの場合は、採算の取れないケースがほとんどだが、なにしろキーワード検索数が多いので成約数を稼げる。

あくまでも「黒字のキーワードがある」か、「バックエンドを売る仕組みがある」ことが条件になるが、赤字でも黒字でもない収益トントンならば、顧客リストを獲得するために勝負に出てもいいわけである。

❷SEO（検索エンジン最適化）を検討する

SEO（検索エンジン最適化）に関しては、実行に移すのは相当先の話になる。

キーワード広告をやり尽くして、SEOを仕掛けるキーワードをよく見極めてからとりかからなければならない。

理由は、「一体どのキーワードが一番儲かるのか」は、やってみなければわからないからだ。

私は現在一〇〇個近いキーワードで広告を一年以上掲出しているが、いまだにSEOをすべきキーワードを考えあぐねている。

SEOを施すには、一つのホームページにつきせいぜい二つのキーワードが精一杯である。人的コストをかけるにしろ、外部に依頼するにしろ、SEOの場合はやってしまったら、あとにはもどれない。「やっぱりこのキーワードに変更しよう」というわけにはいかないのである。

場合によっては、「SEOはやらない」という選択肢も考えるべきだ。キーワード広告から新規顧客を獲得し、バックエンド商材で利益を出せる仕組みがあるのなら、無理にSEOに投資する必要はないのである。

5ステップ・プログラムのまとめ

あなたがキーワード市場の可能性を探っているとき、おそらく、「自分のやりたいこと」「自社で抱えている在庫商品」がなんとかして売れるようにならないだろうか、という考えが頭をよぎるだろう。

しかし、次のことをよく覚えておいてほしい。

インターネットビジネスは、「どのキーワード市場に参入するか」でほとんど勝負は決まってしまう。自分の商材に見込みがなければすっぱりとあきらめてほしい。キーワードの検索需要がなければ売れることはない。一方で、競争者であふれてクリック単価が二〇〇〇円以上のキーワード市場に参入するのは自殺行為である。広告費がかさんで、毎月資金繰りに四苦八苦することになる。

それよりも、キーワード需要があり、競争者の少ない市場を選んで新しくフロントエンド商材をつくるほうがはるかに早道だ。「あなたの売りたいもの」をどうにかして売ろうとしても、だめなものはだめなのだ。

決して忘れないでほしい。

お客さんの、まだ満たされていない需要を満たすこと。

誰も解決してくれない問題を発見し、解決してあげること。

それがビジネスである。

おわりに――失われているものは誇りである

セミリタイヤ。

不労所得を得る方法。

楽して儲ける方法。

最近、こんな言葉が巷にあふれている。

アフィリエイトで月間一〇〇万円儲けた。それは悪くないだろう。しかし、それで、あなたのハートは満足するのだろうか？　あなたは、自分の子供に、胸を張って自分の仕事の話をできるのだろうか？

「お客との接点」を失い、「現場」から遠く離れたビジネスパーソンに幸福な未来は存在しない。天から授かった才能を生かすことなく、不労所得を目指して達成感を得られる人生が送れるとは、私にはとうてい思えないのである。

多くの人が、「お金が足りない」と考えているようだ。しかし、私はあなたに尋ねてみたい。あなたが、本当に失っているものは「誇り」ではないのか？

多くの人が、自分のプライドを捨てて会社のいいなりとなる。仕事をくれる大企業には、奴隷のようにこびへつらう。売りたくもない商品を、在庫を処分しなければいけないからという理由で無理矢理消費者に売りつける。

これでは、自分がなぜこの世に生きているかがわからなくなっても当然ではないか。

その恨みつらみが「楽して儲ける」という風潮に歪んで噴出しているとしか、私には思えない。

ビジネスで儲けること、利益を得ることはきわめて重要である。

利益はいわばガソリン。なくなってしまえばビジネスはたちまち立ち往生してしまう。

本書に書かれていることを行動に移せば、一年や二年で一〇〇〇万円単位のお金を稼ぐことは決してむずかしくない。あなたの努力次第でネットビジネスのガソリンが枯渇する心配から、かなり長い時間解放されることもできるだろう。しかし、あなたが商人ならば、ビジネスで儲けた利益は己のビジネスへの再投資に使わなければいけない。

手塚治虫の名作『ブラック・ジャック』では、主人公が稼いで得た莫大な富は、美しい自然を残す無人島の購入に使われていたというオチがある。しかし、あなたは別にブラック・ジャックの真似をする必要はない。悩める人を見つけ、その人を全力で助け、お礼にたくさんのお金をもらう。そのお金を使ってより多くの人を助けるために、自分自身の事業に再投資をはじめる。そして、次の助けを求める人を探しに新たな旅に出る。

それが商人だと、私は思う。

それが誇りある人生だと、私は信じる。

コンピュータシステムが人の労働にとって変わる流れは、もはや変わることはないだろう。企業の首切りにおびえ、ちっとも儲からない副業に無駄な時間を費やすのはもうやめよう。自分の職は、会社ではなく、地域でもなく、ダイレクトに市場から求めよう。

それこそが、お客がインターネットに望んでいることだ。

二一世紀は、情報に投資し、スモールビジネスで細分化されたこだわりの市場に対応する人が成功する時代だ。一つの一〇〇億円企業を一〇〇人で目指すよりも、一〇〇人が一億円プレーヤーを目指すほうがはるかに実現は簡単なのである。

「大きな市場がまだ存在する」と幻想を追い求める大企業。その大企業にぶら下がる奴隷根性の中小企業、天下りシステムに甘やかされた国家公務員とそのとりまきは、どんどん解体され切り落とされていくにちがいない。あなたはそこにしがみついたまま一生を終えるのか。小さくとも確かに存在する「言葉の市場」に挑戦し、お客の需要に応えるヒーローになることを目指すのか。どちらを選ぶのかは、あなた次第である。


最後に、本書を執筆するにあたって、貴重な事例を提供してくれたキーワードマーケティング研究会のメンバーに、心から感謝を申し上げる。あなたたちの存在がなければ、決してこの本は世の中に生まれることはなかった。競合に真似されてしまうリスクを負いながらも、人の役に立つ情報公開を選択したみなさんの真心は、決して無駄にはしない。私の魂を削ってでもみなさんの業績を上げる結果をお返しすることを、お約束する。

警告！ 本書で扱われる情報についての著作権について

インターネットのホームページ内容やキーワード広告文章を盗用する。

これは著作権侵害です。

ましてや、まったく同じ商材で、まったく同じターゲットに、まったく同じ広告手法で商売をしようとする。このような安直な行動をすると、真似された側の大きな怒りを買い、訴訟を起こされることになります。つまり多額の損害賠償金を支払うことになります。

2003年10月、ある人材派遣会社が、同業の人材派遣会社が作成したホームページ上の記載を転用したとして、著作権侵害で訴えられ、損害賠償金を支払わされました。

この事件をきっかけにして、現在インターネット上の著作権侵害で訴えられて、数百万円の損害賠償が成立するケースがいくつも出現しています。

本書では、私が主催するキーワードマーケティング研究会の会員が、無償の善意でインターネットビジネスでの成功事例を提供してくれています。


学びは、模倣をすることからはじまりますから、事例を参考にすること自体はＯＫです。

しかし、その模倣は、「他業界」「違う顧客ターゲット」にあてはめなければなりません。

ビジネスの世界でも、「他業界の事例」を参考に、自社へ応用することはどんな企業経営者にでも認められるテクニックです。成功すれば革新的な手法として賞賛されることもしばしばあります。


しかし、絶対やってはいけないことがあります。それが、以下の３点です。
①ホームページや広告文章を猿真似して、まったく同じ顧客層を狙って同業ビジネスを開始する。
②ホームページや広告文章を猿真似して、まったく同じ特徴を打ち出して同業ビジネスを開始する。
③ホームページや広告文章を猿真似して、まったく同じキーワードに広告掲載して同業ビジネスを開始する。

これらを行うと、著作権侵害で商売の不利益を被ったとして、問答無用で訴えられます。

要するに、「同業の商品やサービス、広告文章を盗用すると、すさまじい怒りを買う」ということです。

本書に掲載された事例において、同業種のホームページ内容やキーワード広告文章の転用、ビジネスモデルの猿真似が発見された場合は、予告なしに顧問弁護士が告訴を行うことがあります。また、著作権侵害が成立した場合は、犯罪者として実名がホームページ上で告知されることになりますのでくれぐれもご注意ください。

同じインターネットビジネスの起業家を志す仲間として、あなたの良識ある行動を、私は信じています。

株式会社キーワードマーケティング研究所
代表取締役　滝井秀典

より高度で実践的な情報をお求めの読者へ

「キーワードマーケティング研究所」へのアクセス方法

次は、あなたとインターネットでお会いしましょう。

その方法は簡単です。

ヤフーやGoogleで、

「キーワードマーケティング」と検索してください。

滝井秀典が運営するキーワードマーケティング研究所のホームページにすぐにアクセスできます。


検索は今すぐ！

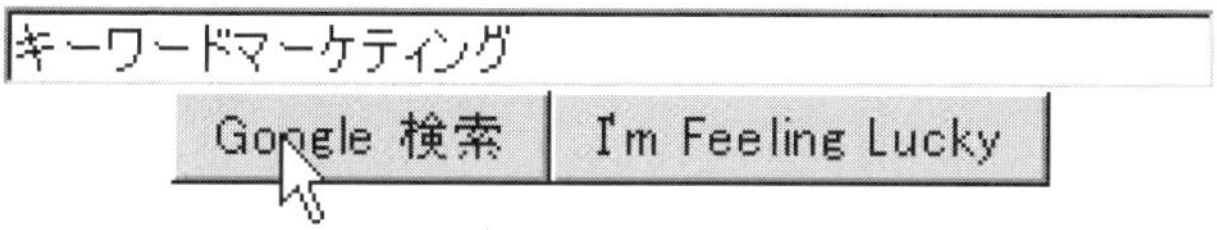

URL＝http://www.niche-marketing.jp/

インターネットビジネスを成功させる秘訣は、ただひとつ。

「自分の力でビジネスをコントロールすること」です。

ホームページ作成、メールフォームやオートレスポンダーの導入、ＳＥＯ(検索エンジン最適化)、キーワード広告の出稿、これらはすべて業者に何十万円も無駄金を使うことなく、独力で行うことが可能です。

キーワードマーケティング研究所はこれらの「自力作成ツール」を提供しています。

「誇りあるビジネス」を独力で切り開いて人生を変えてみたい方は、ぜひキーワードマーケティング研究所のホームページにアクセスしてください。

株式会社　キーワードマーケティング研究所
代表取締役　滝井秀典

〈著者プロフィール〉
滝井　秀典（たきい　ひでのり）
株式会社キーワードマーケティング研究所代表取締役。日本大学芸術学部卒業。数千万語の検索キーワードの中から、ビジネスに直結する言葉を探し出す「言葉の研究家」。広告代理店事業、データベースマーケティング会社を経て独立。起業後わずか3ヶ月でペット関連事業のネット通販サイトを業界売上日本一にする。現在は、自ら「売れるキーワード」を発掘し、年商1億円以上の事業を、無借金かつひとりで経営する。
同時に、500人以上のサイトオーナーが集まるキーワードマーケティング研究会を主宰。自身のノウハウを広め、キーワード戦略を軸に年商1億円レベルの起業家もすでに数名輩出している。「数字はモノいう言葉」という考えを信条とし、ロジカルな数値分析を重視する一方、数字の裏にある顧客心理を読むことを最大の得意分野としている。

1億稼ぐ「検索キーワード」の見つけ方
――儲けのネタが今すぐ見つかるネットマーケティング手法

2006年4月5日　第1版第1刷発行

著　者　滝井秀典
発行者　江口克彦
発行所　PHP研究所
東京本部　〒102-8331 千代田区三番町3番地10
ビジネス出版部　☎03-3239-6257（編集）
普及一部　☎03-3239-6233（販売）
京都本部　〒601-8411 京都市南区西九条北ノ内町11
PHP INTERFACE　http://www.php.co.jp/

印刷所
製本所　笹徳印刷株式会社

ISBN4-569-64967-X

PHPの本

「儲け」を生みだす「悦び」の方程式

——見える人にしか見えない商売繁盛の「仕組み」とは

小阪裕司　著

あらゆる儲けには、ちゃんとその「理由」がある！　どんな店でも商売が繁盛する「仕組み」を作ることができる、小阪流マーケティングの集大成。

定価一、四七〇円
（本体一、四〇〇円）
税五％